Online-Auktionen und Wettbewerbsrecht

Schriften zum Wirtschafts- und Medienrecht, Steuerrecht und Zivilprozeßrecht

Herausgegeben von Jürgen Costede
und Gerald Spindler

Band 26

PETER LANG
Frankfurt am Main · Berlin · Bern · Bruxelles · New York · Oxford · Wien

Till Dunckel

Online-Auktionen und Wettbewerbsrecht

PETER LANG
Europäischer Verlag der Wissenschaften

Bibliografische Information der Deutschen Nationalbibliothek
Die Deutsche Nationalbibliothek verzeichnet diese Publikation in der Deutschen Nationalbibliografie; detaillierte bibliografische Daten sind im Internet über <http://www.d-nb.de> abrufbar.

Zugl.: Hamburg, Univ., Diss., 2006

D 18
ISSN 1614-2071
ISBN-10: 3-631-56168-7
ISBN-13: 978-3-631-56168-3

www.peterlang.de

Vorwort

Die Arbeit wurde im Sommersemester 2006 von der Rechtswissenschaftlichen Fakultät der Universität Hamburg als Dissertation angenommen. Literatur und Rechtsprechung konnten bis Januar 2006 berücksichtigt werden.

Mein Dank gilt meinem Doktorvater Herrn Prof. Dr. Peter Mankowski, dessen verständnisvolle und fördernde Betreuung maßgeblich zum Gelingen meines Vorhabens beigetragen hat. Herrn Prof. Dr. Dr. h.c. Marian Paschke danke ich für die Erstellung des Zweitgutachtens.

Für die hilfreichen Diskussionen, notwendigen Motivationen und mühsamen Korrekturarbeiten danke ich zudem Tanja Klar, Jörg Dittrich und Frank Ochsendorf sowie meinem Vater und meiner Schwester. Mein besonderer Dank gilt meiner Mutter, Maria Dunckel, deren Unterstützung diese Arbeit erst ermöglicht hat.

Hamburg, im Oktober 2006

Till Dunckel

Inhaltsübersicht

Inhaltsverzeichnis

1. Teil: Einführung

Online-Auktionen sind das erfolgreichste Geschäftsmodell des E-Commerce. Kein anderes Geschäftsmodell verbindet die Möglichkeiten des Internets besser mit den kommerziellen Interessen der Internetnutzer. Allein auf dem virtuellen Handelsplatz eBay haben sich derzeit weltweit 114 Millionen Nutzer registriert,[1] mit steigender Tendenz.[2] Die softwaregesteuerten Auktionsportale ermöglichen es nicht nur, in kürzester Zeit Nachfrage und Angebot zueinander zu bringen, sondern ermitteln über das Auktionsprinzip zugleich schneller und transparenter den Marktwert eines Angebotes als jede andere Handelsform. Für die Bieter ist die Online-Auktion aus zwei Gründen interessant: zum einen werden durch die direkte Verknüpfung von Angebot und Nachfrage besonders günstige Endpreise möglich, zum anderen verleiht die mit dem unsicheren Ausgang der Auktion verbundene Spannung dem ansonsten wenig unterhaltsamen Verkaufsprozess einen eigenen Anreiz. Für den Anbieter bieten die Auktionsplattformen gegenüber klassischen Vertriebswegen vor allem den Vorteil, das eigene Angebot mit dem kleinstmöglichen Aufwand einer großen Gruppe potentieller Bieter präsentieren zu können.

Diese Eigenschaften der Online-Auktionen sind für Verbraucher und Unternehmer gleichermaßen interessant. In den ersten Jahren waren es dennoch hauptsächlich private Anbieter, die den größten Teil der Angebote stellten, unternehmerischer Handel wurde allenfalls von den Plattformbetreibern selbst durchgeführt. Seit die steigende Anzahl der Plattformnutzer, jedenfalls bei den marktführenden Auktionsplattformen, marktgerechte Endpreise wahrscheinlich macht, haben sich Online-Auktionen inzwischen als Marktplatz für unternehmerische Angebote etabliert.[3] Zum einen nutzen zunehmend viele Händler die Online-Auktionen als zusätzlichen Vertriebsweg.[4] Da der Vertrieb über virtuelle Marktplätze nur geringe Investitionen erfordert, begünstigen Online-Auktionen zum anderen das Entstehen von Kleinunternehmen, die ihre Angebote ausschließlich über diese Plattformen vertreiben. Beispielsweise halten auf der Plattform eBay derzeit 10.000 Powerseller[5] ihre Angebote bereit.[6] Diese profes-

---

[1] http://pages. ebay.de/aboutebay.html, am 21.10.2005.

[2] Nielsen NetRatings, Pressemitteilung vom 30.11.2006: http://www.netratings.com/pr/pr_051130_germany.pdf.

[3] Dies galt schon im Jahre 2000: *Hoeren/Müglich/Nielen*, Online-Auktionen (2002), 41; seit dem hat sich dieser Trend fortgesetzt.

[4] Ca. 1/5 der Anbieter, Financial Times Deutschland, 2.12.2005.

[5] Zur Definition des Begriffs „Powerseller" siehe unten 22.

[6] http://presse.ebay.de/news. exe?content=FD, am 24.10.2005; die Zahl derer, die als eBay-Händler ein jährliches Handelsvolumen von mehr als 12.000 EUR erzielen, liegt nach Marktforschungsstudien bei circa 64.000, Financial Times Deutschland, 2.12.2005.

sionellen Anbieter haben aus den ehemaligen Flohmärkten für Privatanbieter virtuelle Einkaufszentren gemacht, die inzwischen in nahezu allen Warenbereichen zu einer unmittelbaren Konkurrenz der klassischen Vertriebswege geworden sind. Eine unmittelbare Konkurrenz besteht aber auch zwischen den einzelnen Auktionsanbietern, unabhängig davon, ob sie dieselbe oder aber unterschiedliche Auktionsplattformen nutzen. Da virtuelle Angebote über das Internet jederzeit und von überall aus verfügbar sind, können die Bieter sie problemlos miteinander vergleichen und auf diese Weise das für sie günstigste Angebot ermitteln.

Für das Bestehen eines funktionierenden Wettbewerbes ist es daher besonders wichtig, dass alle Anbieter den gleichen rechtlichen Bedingungen unterworfen sind. Die Definition und die Gewährleistung dieses rechtlichen Rahmens erfolgt in erster Linie durch das Gesetz gegen den unlauteren Wettbewerb (UWG). Aufgrund ihrer unmittelbaren Auswirkungen auf den Wettbewerb und der teilweise engen rechtlichen Verzahnung müssen zudem einige andere Vorschriften berücksichtigt werden, namentlich das Markengesetz (MarkenG), das Urhebergesetz (UrhG) und die Preisangabenverordnung (PAngV).

Ziel dieser Arbeit ist es, die wichtigsten wettbewerbsrechtlichen Probleme, die bei der Nutzung von Online-Auktionen als Vertriebsplattform auftreten, darzustellen und einer Lösung zuzuführen. Hierfür werden im Anschluss an diese Einleitung im zweiten Teil der Arbeit die Arten und Abläufe derjenigen Online-Auktionen dargestellt, die der nachfolgenden rechtlichen Untersuchung zu Grunde liegen. Der dritte Teil erläutert im Rahmen der rechtlichen Grundlagen die allgemeinen Voraussetzungen des Wettbewerbsrechts, soweit sie für die lauterkeitsrechtliche Beurteilung von Online-Auktionen von besonderer Bedeutung sind. Im vierten und im fünften Teil der Arbeit erfolgt anschließend anhand der praxisrelevanten Auktionsformen eine umfassende Beurteilung der konkreten wettbewerbsrechtlichen Fragen.

2. Teil: Tatsächliche Grundlagen

Unter Berücksichtigung ihrer Bedeutung für die Praxis werden im Folgenden zunächst die unterschiedlichen Arten von Online-Auktionen aufgeführt, ihre typischen Nutzer beschrieben und die möglichen Angebotsinhalte erläutert. Anschließend erfolgt eine Darstellung der typischen Abläufe der praxisrelevanten Versteigerungsarten.

A) Auktionsplattformen

Nachdem Ricardo.de die Online-Auktionen in den Anfangsjahren des Internets in Deutschland populär gemacht hat,[7] ist derzeit die Plattform eBay.de mit durchschnittlich 7,5 Millionen zeitgleich laufenden Angeboten unangefochtener Marktführer der Internet-Versteigerungen,[8] gefolgt von Hood.de mit immerhin 1 Million Angeboten.[9] Neben einer schwer überschaubaren Anzahl kleinerer Plattformen, gibt es in Deutschland circa dreißig weitere Internetversteigerungen, auf denen jeweils mindestens eintausend Auktionsangebote gehandelt werden,[10] beispielsweise die T-Online-Tochter Atrada[11] mit durchschnittlich 14.000 Auktionen.[12]

Trotz ihrer pauschalen Bezeichnung als Internet-Auktionen, bestehen zwischen vielen dieser Plattformen grundsätzliche Unterschiede.[13] Diese liegen zum einen in den Preisfindungsverfahren, zum anderen in der Mitwirkung realer Personen an dem Versteigerungsprozess. Für diese Arbeit sollen sowohl solche Auktionsarten ausgegrenzt werden, die nicht als Versteigerungen angesehen werden können, als auch solche, die aufgrund ihrer geringen Verbreitung in der Praxis nur eine untergeordnete Rolle spielen.

---

[7] *Glänzer/Schäfer*, Management-Handbuch Electronic Commerce - Grundlagen, Strategien, Praxisbeispiele, 609, 610.
[8] Auf der Domain www.ebay.de, Quelle: http://alleauktionen.de, am 23.10.2005.
[9] www.alleauktionen.de, am 14.10.2005.
[10] www.alleauktionen.de, am 14.10.2005.
[11] www.atrada.de und www.atradapro.de.
[12] www.alleauktionen.de, am 14.10.2005.
[13] *Marx/Arens*, Der Auktionator (2004) 33; *Fezer(-Mankowski)*, UWG, §§ 1-4 UWG (2005) § 4-S12 Rn. 206.

I) Arten der Preisfindung

Die prägendste Eigenschaft von Online-Auktionen - und damit auch das wichtigste Differenzierungskriterium der Auktionsplattformen - bildet das Prinzip der Preisfindung. Eine flexible Preisermittlung unter Berücksichtigung der konkreten Nachfrage der unmittelbaren Interessenten an einem individuellen Angebot ermöglichen mehrere, grundsätzlich verschiedene Ansätze. Einige Auktionsplattformen bieten zudem mehrere Angebotsarten nebeneinander an, oft besteht außerdem die Möglichkeit, die Angebote mit der Option zu kombinieren, sie zu einem festen Preis zu erwerben.

1) Aufwärtsauktionen

Bei den Aufwärtsauktionen versucht jeder beteiligte Interessent einen angebotenen Artikel dadurch zu erwerben, dass er nach einem wechselseitigen Überbieten mit den anderen Auktionsteilnehmern bei Ablauf einer in der Regel[14] vorher festgelegten Auktionsdauer Höchstbietender ist. Dieses Preisfindungsprinzip besitzt die größte Ähnlichkeit zu den klassischen Auktionen, die vor dem Internetzeitalter den Begriff der Versteigerung geprägt haben. Im Internet haben die Aufwärtsauktionen als bekannteste und häufigste[15] Auktionsform zugleich die mit Abstand größte Praxisrelevanz.[16]

2) Abwärtsauktionen

Eine andere Erscheinungsform ist die Abwärtsauktion.[17] Ohne das Zutun der Bieter fällt der Angebotspreis bei dieser Auktionsart kontinuierlich in vorher festgelegten Zeitabständen.[18] Sobald einer der Interessenten den angeboten Artikel zu dem aktuellen Preis annimmt, erwirbt er das Angebot und die Versteigerung ist zu Ende. Diese unabhängig vom Internet entstandene Aukti-

---

[14] Die seltene Ausnahme hierzu bilden Live-Auktionen, bei denen die Auktion endet, wenn über einen kurzen Zeitraum keine weiteren Gebote mehr eingehen, z.B.: www.live123.de.

[15] *Deutsch*, MMR 2004, 586.

[16] Z.B.: www.ebay.de; www.hood.de (bietet zusätzlich auch Abwärtsauktionen); www.besteauktion.de; www.auxion.de; www.feininger.de;

[17] Z.B.: www.azubo.de.

[18] *Marx/Arens* (Fn.13), 29, 33 (Rn. 31, 42).

onsform wird zum Teil auch als Rückwärtsversteigerung[19] oder als holländische[20] Auktion bezeichnet.

3) Ausschreibungen

Bei Ausschreibungen geben die Kunden auf den dafür eingerichteten Internetforen an, welchen Preis sie bereit sind, für eine bestimmte Ware zu zahlen. Daraufhin haben die auf Anbieterseite beteiligten Händler die Chance, den Vertrag zu diesem Preis zu schließen oder sich mit dem Kunden auf einen anderen Preis zu einigen.[21] Dieses Preisfindungsmodell wird zwar durch die technischen Möglichkeiten des Internets begünstigt, letztlich beschreibt es aber lediglich das freie Aushandeln eines Preises und hat daher keinen Bezug zu dem Versteigerungsprinzip. Vorstellbar wäre es zwar, die Ausschreibungen durch die Verbindlichkeit der Angebote und eine feste Auktionszeit dem Auktionsprinzip anzunähern, in der Praxis haben solche Modelle aber bislang keine Bedeutung.[22]

4) Communityshopping

Als Communityshopping oder Powershopping wird ein Geschäftsprinzip bezeichnet, bei dem der Preis einer Ware umso niedriger ist, je mehr Käufer sich zum Kauf einer Ware gleicher Gattung entschließen.[23] Zwar handelt es sich ebenfalls um ein flexibles Preisbildungssystem, jedoch hat es mit dem Prinzip einer Versteigerung nichts gemein. Anders als bei einer Auktion führt eine große Nachfrage nicht zu einer Preissteigerung, sondern zum Sinken des Verkaufspreises. Darüber hinaus stehen die Preisvorgaben, nämlich die Preisstufen in Abhängigkeit zu jeweils einer bestimmten Anzahl von Käufern, bereits vor Beginn der Verkaufsaktion fest. Lediglich die Zahl der Käufer wird erst noch ermittelt.

---

[19] *Fezer(-Mankowski)* (Fn. 13), § 4-S12 UWG Rn. 210.
[20] *Fezer(-Mankowski)* (Fn. 13), § 4-S12 UWG Rn. 210.
[21] *Ernst*, in: *Spindler/Wiebe* (Hrsg.), Internet-Auktionen und Elektronische Marktplätze (2005), 6 (1. Kapitel, Rn. 18).
[22] *Ernst*, in: *Spindler/Wiebe* (Hrsg.) (Fn. 21), 6 (1. Kapitel, Rn. 18).
[23] *Ernst*, in: *Spindler/Wiebe* (Hrsg.) (Fn. 21), 6 (1. Kapitel, Rn. 22).

5) Festpreisangebote

Viele Auktionsplattformen geben die Möglichkeit, die Angebote zusätzlich[24] zur Versteigerung oder ausschließlich[25] zu einem Festpreis anzubieten.[26] Trotz ihrer Einbindung in die Online-Auktionen handelt es sich bei diesen Angeboten um reguläre Verkaufsgeschäfte.

II) Beteiligung realer Personen

Der grundlegende Unterschied von Online-Auktionen zu den klassischen Versteigerungen liegt darin, dass die Auktionen im Internet auf einer virtuellen Plattform stattfinden. Diese Auktionsplattform besteht aus einer Software, die viele oder alle Phasen der Versteigerung, also die Präsentation der Angebote, die Abfrage der Gebote und die Beendigung der Auktion bei Zeitablauf, steuert. Die Auktionsteilnehmer nehmen die Plattform über ihre Webseite wahr. Aber nicht alle Auktionen laufen vollständig virtuell ab. Neben solchen Plattformen, die die Auktionen vollautomatisch steuern, existieren auch andere, bei denen einzelne Auktionsphasen individuell von Personen geleitet werden.

1) Langzeitauktionen

Die mit Abstand größte praktische Bedeutung haben die Auktionen, die nach Erstellung des Angebotes ohne die Beteiligung realer Personen an der Auktionsplattform vollautomatisch die Angebote sammeln und nach Ablauf der Auktionszeit den Höchstbietenden ermitteln.[27]

2) Live-Auktionen

Einige Online-Auktionen werden als Live-Auktionen veranstaltet, bei denen reale Personen die Versteigerung in einem Chat mit den Bietern leiten und diese wie in einer klassischen Auktion zur Gebotsabgabe auffordern.[28] Während die Leitung durch einen menschlichen Auktionator in der Anfangszeit der Online-

---

[24] „Sofortkauf", *Schlömer/Dittrich*, eBay & Recht (2004), 27 (Rn. 61).
[25] *Schlömer/Dittrich* (Fn. 24), 27 (Rn. 60).
[26] Z.B.: www.ebay.de; www.hood.de.
[27] Z.B.: www.ebay.de; www.hood.de; www.besteauktion.de; www.auxion.de.
[28] Z.B.: www.auxion.de.

Auktionen ein gutes Mittel war, um die Internetnutzer mit den bis dahin unbekannten Online-Auktionen vertraut zu machen,[29] hat diese Auktionsformen heute nur noch eine geringe Bedeutung. Vor allem die Notwendigkeit, jedes Angebot während der Versteigerungsdauer individuell zu betreuen, stellt gegenüber den voll automatisierten Langzeitauktionen einen erheblichen Nachteil für die Anbieter dar. Da Live-Auktionen somit eher in Nischen rentabel sind, bei denen besonders hochpreisige Waren angeboten werden, haben sie in der Praxis nur eine geringe Bedeutung.

3) Online-Offline-Kombinationen

Darüber hinaus gibt es Auktionsplattformen, die Online-Auktionen mit Verkaufsveranstaltungen außerhalb des Internets kombinieren. Einige Anbieter nutzen das Internet lediglich, um die von ihnen durchgeführten klassischen Versteigerungen über deren örtliche Begrenzung hinweg weiteren Interessenten zugänglich zu machen.[30] Ebenso wie die vor Ort anwesenden Auktionsteilnehmer können diese sich im Internet als Bieter akkreditieren und sich dann an der Versteigerung direkt beteiligen. Andere Anbieter präsentieren die Versteigerungsware über Werbeprogramme auf Sparten-TV-Kanälen und nutzen die Auktionsplattformen zur Annahme der Gebote.[31] Aufgrund des mit jedem einzelnen Angebot verbundenen Aufwands sind diese Kombinationsmodelle ebenfalls nur für Nischenangebote oder für Eigenversteigerungen der Plattformbetreiber interessant.

III) Zusammenfassung

Obwohl das Internet viele unterschiedliche Methoden zur flexiblen Preisfindung ermöglicht, haben die nicht live und über einen längeren Zeitraum geführten Aufwärtsversteigerungen die mit Abstand größte praktische Bedeutung. Ohne größeren Aufwand lassen sich aber auch die Abwärts-Auktionen als Vertriebsplattform nutzen. Die anderen Plattformkonzepte haben entweder keine Gemeinsamkeit mit Auktionen oder derzeit nur eine geringe praktische Relevanz.

---

[29] Z.B. www.ricardo.de, bis Ende Q2 2000.
[30] Z.B.: www.banghaus.de; www.liveauktion.com.
[31] www.1-2-3.tv.

B) Anbieter

Auktionsanbieter sind diejenigen, die auf den Plattformen die zu ersteigernden Angebote veröffentlichen. Generell kommen hierfür sowohl private Geschäfte von Verbrauchern als auch professionelle Angebote von Unternehmern in Betracht. Besonderheiten gelten für die Powerseller, Handelsagenten und Plattformbetreiber, die selbst als Anbieter auftreten.

I) Eigenversteigerungen

Eigenversteigerungen sind eigene Angebote der Plattformbetreiber. Sie waren vor allem in der Anfangszeit der Online-Auktionen von Bedeutung, in der es auf den Plattformen nur wenige Drittanbieter der für die Bieter besonders interessanten Neuwaren gab. Inzwischen sind es fast ausschließlich Dritte, die die von anderen betriebenen Auktionsplattformen nutzen, nur in wenigen Nischenmärkten werden noch Eigenversteigerungen durchgeführt.[32] Für die wettbewerbsrechtliche Untersuchung bleiben sie daher außer Betracht.

II) Powerseller / Starseller

Die meisten Auktionsplattformen bieten die Möglichkeit, besonders aktive Anbieter zu kennzeichnen. Voraussetzung dafür ist, dass die Anbieter kontinuierlich besonders viele Angebote abgeschlossen haben oder ein hohes Handelsvolumen vorweisen können und zudem eine bestimmte Grenze negativer Beurteilungen durch ihre Kunden nicht überschritten ist. Durch die Kennzeichnung sollen sie von den Kunden als professionelle und vertrauenswürdige Anbieter wahrgenommen werden. Als Kennzeichnungen haben sich bei vielen Anbietern die Bezeichnungen „Powerseller" oder auch „Starseller" etabliert.[33] Andere heben lediglich die Anzahl der Bewertung optisch hervor.[34]

III) Verkaufsagenten

Verkaufsagenten nehmen eine Zwischenstellung zwischen den Auktionsplattformen und den Eigentümern der angebotenen Waren ein. Im Auftrag der

---

[32] Z.B.: www.1-2-3.tv; www.banghaus.com.

[33] www.ebay.de; www.auktion.com („Powerseller"), www.atrada.de („Starseller").

[34] www.onetwosold.de (Kennzeichnung mit farbigen Sternen).

Eigentümer erstellen sie das Auktionsangebot, überwachen den Auktionsverlauf und besorgen die Geschäftsabwicklung. Dafür werden sie am Versteigerungserlös beteiligt. Da die Verkaufsagenten die Artikel aber im eigenen Namen anbieten,[35] unterscheiden sie sich rechtlich nicht von anderen professionellen Anbietern.

C) Bieter

Als Bieter kommen sowohl Verbraucher als auch Unternehmer in Betracht. Da die meisten Auktionsplattformen als offene Foren konzipiert sind, an denen sich grundsätzlich jeder Interessent beteiligen kann, sind die über sie veröffentlichten Angebote zumindest auch an Verbraucher gerichtet. Daneben gibt es aber auch Plattformen oder Plattformbereiche, die nur Unternehmern zugänglich sind,[36] so dass die Vertragsbeziehungen nur zwischen Unternehmern bestehen.

D) Inhalte der Angebote

Jedenfalls im Rahmen des rechtlich Zulässigen gibt es kaum etwas, das nicht über Online-Auktionen ersteigert werden kann.[37] Während anfänglich vor allem Elektrokleinartikel und andere einfach zu versendende Warenarten, bei denen keine individuelle Inaugenscheinnahme erforderlich ist, den Großteil des Handels über Online-Auktionen ausmachten, können heute nahezu alle erlaubten Warenarten im Internet ersteigert werden. Zu den viel gehandelten Waren gehören inzwischen auch Bekleidungsartikel und Schuhe, ebenso Autos und Einrichtungsgegenstände. Aber nicht nur Waren, sondern auch Dienstleistungen werden über Online-Auktionen angeboten.[38] Insbesondere Handwerksarbeiten, Umzüge und ähnliche Tätigkeiten werden zunehmend auf Auktionsplattformen gehandelt. Während die marktführenden Auktionsplattformen um ein möglichst umfangreiches Angebot bemüht sind, haben sich einige Auktionsplattformen auf bestimmte Warenarten spezialisiert.[39]

---

[35] *Schlömer/Dittrich* (Fn. 24), 230 (Rn. 504).
[36] Z.B.: eBay-Busisness: http://business.ebay.de/?ssPageName=de:hp:bi.
[37] *Ernst*, in: *Spindler/Wiebe* (Hrsg.) (Fn. 21), 3 (1. Kapitel, Rn. 6).
[38] Z.B.: http://listings.ebay.de/Dienstleistungen_W0QQcatZ9431; www.undertool.de; www.letsworkit.de.
[39] Z.B.: www.banghaus.de (Antiquitäten und Kunstartikel, www.netbid.com (Industriegüter).

E) Auktionsabläufe

Online-Versteigerungen finden in drei Phasen statt. Die Unterschiede zwischen der Aufwärts- und Abwärtsauktionen liegen im eigentlichen Versteigerungsverfahren, die Registrierungsphase und die Vertragsabwicklung sind hingegen in der Regel identisch. In Details weichen die Abläufe der unterschiedlichen Plattformen allerdings voneinander ab. Grundlage der Darstellung sind im Folgenden die Prozeduren, nach denen die Auktionen auf den marktführenden Plattformen ablaufen.[40]

I) Registrierung

Vor ihrer ersten Teilnahme an einer Auktion müssen sich potentielle Bieter und Anbieter einmalig bei der Auktionsplattform registrieren. Hierbei speichert die Plattformsoftware die persönlichen Daten der Nutzer, die zur sicheren Abwicklung des Vertragsschlusses notwendig sind. Im Gegenzug bestimmt der Nutzer einen Mitgliedsnamen, unter dem er als Bieter oder Anbieter in den Auktionen auftritt. Seinen tatsächlichen Namen teilt die Plattform seinen Vertragspartnern erst nach Abschluss der Versteigerung mit. Darüber hinaus erkennen die Nutzer mit der Anmeldung die Geschäftsbedingungen der Auktionsplattform an, die unter anderem den Eintritt der rechtlichen Verbindlichkeit von Gebot und Angebot regeln.

II) Das Versteigerungsverfahren

Während die Angebotserstellung bei Auf- und Abwärtsauktionen weitgehend identisch abläuft, bestehen bei der Gebotsabgabe erhebliche Unterschiede.

1) Angebotserstellung

Die meisten Auktionsplattformen sortieren die Angebote nach der Art der angebotenen Leistungen. Bei der Erstellung eines neuen Angebots muss der Anbieter daher zunächst die passende Angebotskategorie wählen. Anschließend teilt der Nutzer der Auktionssoftware nach Aufruf einer Eingabeseite die wichtigsten Informationen über sein Angebot mit, nämlich die Kurzbeschreibung für die Überschrift des Angebots, den Startpreis, die Laufzeit und die ausführliche Be-

[40] www.ebay.de; www.hood.de.

schreibung der Leistung, der auch Fotos und andere Abbildungen hinzugefügt werden können. Darüber hinaus hat der Anbieter die Möglichkeit, Besonderheiten hinsichtlich Zahlung und Leistungserbringung zu bestimmen. Nach Fertigstellung der Angebotsseite kann der Anbieter seine Eingaben kontrollieren und durch Bestätigung der Richtigkeit das Angebot veröffentlichen. Von diesem Moment an ist der Anbieter verpflichtet, die versprochene Leistung gegen Zahlung des bei Zeitablauf höchsten Gebotes zu erbringen.[41]

2) Gebotsverfahren bei Aufwärtsauktionen

Vor dem Bieten muss der Interessent zunächst ein geeignetes Angebot finden. Hierfür bieten die meisten Plattformen zwei Möglichkeiten. Entweder folgt der Interessent den von der Auktionsplattform vorgegebenen Angebotskategorien oder er nutzt die in die Plattformen integrierten Suchmaschinen. Über den Aufruf einzelner Angebote sind neben den vom Anbieter eingegebenen Informationen auch das derzeitige Höchstgebot und die verbleibende Laufzeit der Auktion sowie die bisherigen Gebote und die Details zur Vertragsabwicklung sichtbar.

Zur Abgabe eines Gebotes gibt der Bieter den Betrag ein, den er zu leisten bereit ist. Das Gebot verpflichtet den Bieter grundsätzlich unwiderruflich, den Gebotsbetrag nach Auktionsende an den Anbieter zu zahlen, sofern er nicht vor Ablauf der Auktion von einem Dritten überboten wird.[42] Grundsätzlich wird das Angebot nun für alle anderen Interessenten sichtbar mit diesem neuen Höchstgebot veröffentlicht. Viele Auktionsplattformen sind jedoch dazu übergegangen, lediglich den Betrag als Höchstgebot anzuzeigen, der erforderlich ist, um das zweithöchste Gebot um einen vorher festgelegten Mindestbetrag zu übertreffen.[43] Bis zur Höhe des eingegebenen Maximalgebotes bietet die Software anschließend für den Bieter automatisch mit, wenn ein Dritter ein neues Gebot eingibt. Sobald ein Bieter überboten wird, wird der bisherige Höchstbietende hierüber von der Software per eMail informiert. Die Software, die die schrittweise erhöhten Gebote automatisch anpasst, wird als Bietagent bezeichnet.

[41] § 9 Nr. 1 eBay-AGB, Stand: 6.12.2005; § 10 Abs. 3 Hood.de-Nutzungsbedingungen, Stand: 6.12.2005.

[42] § 9 Nr. 2 eBay-AGB, Stand: 6.12.2005; § 5 Abs. 2 Hood.de-Nutzungsbedingungen, Stand: 6.12.2005.

[43] Z.B.: www.ebay.de.

Durch die Gebote der verschiedenen Interessenten wächst der Betrag des Höchstgebotes während der Laufzeit der Auktion schrittweise an, wobei kurz vor Ablauf der Auktion die höchsten Steigerungen zu beobachten sind.[44] Die Laufzeit der Auktion ist vom Anbieter frei wählbar, üblich ist die Dauer von einem bis zu zehn Tagen. Mit Ablauf der Auktionsdauer steht das Höchstgebot fest; der Vertrag besteht zwischen dem Anbieter und dem Höchstbietenden. Einige Auktionsplattformen verlängern die Laufzeit um einige Minuten, wenn kurz vor Auktionsende noch ein neues Gebot abgegeben wird.[45] Auf diese Art wird die Funktionsweise den klassischen Auktionen angenähert. Der Vertragsschluss erfolgt aber auch hier durch Ablauf der gegebenenfalls verlängerten Auktionslaufzeit.

3) Gebotsverfahren bei Abwärtsauktionen

Bei Abwärtsauktionen bestimmt der Anbieter bei der Eingabe seines Angebotes den Anfangspreis und einen Betrag, um den dieser in festen Zeitintervallen verringert wird.[46] Die Länge dieser Intervalle liegt meist zwischen einer Stunde und mehreren Tagen. Sobald das Angebot veröffentlicht wird, hat der Bieter die Möglichkeit, das Angebot zu dem aktuellen Preis anzunehmen. Da der Preis mit zunehmender Auktionsdauer schrittweise fällt, befindet sich der Interessent in der Situation, die Gebotsabgabe einerseits möglichst weit hinauszuzögern, zum anderen aber zu verhindern, dass ein Dritter das Angebot vor ihm annimmt.[47]

III) Vertragsabwicklung

Auch nach Abschluss der Versteigerung ist die Auktionsplattform in mehrerer Hinsicht in die Vertragsabwicklung eingebunden.

1) Mitteilung der für die Vertragsabwicklung relevanten Daten

Zunächst versendet die Plattform an beide Vertragsparteien automatisch generierte eMails, mit denen ihnen die für die Abwicklung des Vertrags erforderlichen Daten, nämlich die Identität und Anschrift und, soweit vom An-

---

[44] *Ernst*, in: *Spindler/Wiebe* (Hrsg.) (Fn. 21), 5 (1. Kapitel, Rn. 12).
[45] Z.B.: www.feininger.de.
[46] Z.B.: www.tireto.de; www.my-hammer.de; www.hood.de (optional).
[47] *Ernst*, in: *Spindler/Wiebe* (Hrsg.) (Fn. 21), 7 (1. Kapitel, Rn. 20).

bieter freigegeben, auch die Bankverbindung ihres Vertragspartners, mitgeteilt wird.

2) Leistungserbringung

Der Austausch der vertraglich geschuldeten Leistungen erfolgt direkt zwischen den Vertragsparteien, der Betreiber der Auktionsplattform ist daran grundsätzlich nicht beteiligt. Allerdings bieten einige Auktionsplattformen spezielle Zahlungssysteme[48] und Transportversicherungen an, um den Leistungsaustausch zu vereinfachen.

3) Gebühren für Plattformnutzung

Während für die Nutzung einiger Auktionsplattformen Gebühren fällig werden, deren Höhe sich nach dem erzielten Endpreis richtet,[49] finanzieren sich andere vollständig über Werbeanzeigen und sind für die Nutzer kostenfrei.[50] Gebührenschuldner ist grundsätzlich der Anbieter.

4) Bewertungssysteme

Um den mit der Anonymität von Anbietern und Bietern verbundenen Risiken entgegenzuwirken, haben alle großen Auktionsplattformen inzwischen Bewertungssysteme eingeführt. Einige Tage nach Abschluss der Auktion fordern diese den Bieter und den Anbieter auf, die Leistung der anderen Vertragspartei als positiv, neutral oder negativ einzustufen und einen Kommentartext einzugeben. Die einzelnen Bewertungen sind für alle Plattformbesucher, die ein Angebot des Anbieters aufrufen, sichtbar.

---

[48] Z.B.: PayPal bei www.ebay.de.
[49] Z.B.: www.ebay.de.
[50] Z.B.: www.hood.de.

3. Teil: Rechtliche Grundlagen

§ 3 UWG bestimmt, dass unlautere Wettbewerbshandlungen, die geeignet sind, den Wettbewerb zum Nachteil der Mitbewerber, der Verbraucher oder der sonstigen Marktteilnehmer nicht nur unerheblich zu beeinträchtigen, unzulässig sind. Ein Verstoß gegen § 3 UWG setzt demnach die drei Merkmale Wettbewerbshandlung, Unlauterkeit und Erheblichkeit voraus.

A) Wettbewerbshandlung

§ 2 Abs. 1 Nr. 1 UWG definiert eine Wettbewerbshandlung als jede Handlung einer Person mit dem Ziel, zugunsten des eigenen oder eines fremden Unternehmens den Absatz oder den Bezug von Waren oder die Erbringung oder den Bezug von Dienstleistungen, einschließlich unbeweglicher Sachen, Rechte und Verpflichtungen zu fördern.

Der Handlungsbegriff entspricht dem des Deliktrechts und umfasst jedes positive Tun, das von einem natürlichen Handlungswillen getragen ist.[51] Beim Vorliegen einer Erfolgsabwendungspflicht, genügt auch ein Unterlassen.[52] Die Förderungsabsicht setzt neben dem subjektiven Element[53] auch die objektive Eignung der Handlung zur Förderung voraus.[54]

Während diese Merkmale keine auktionsspezifischen Probleme aufwerfen, stellt die Frage, unter welchen Voraussetzungen der erforderliche Unternehmensbezug einer Handlung gegeben ist, in der Praxis die für die Anwendbarkeit des Wettbewerbsrechts auf die Nutzer von Online-Auktionen entscheidende Voraussetzung dar. Ein Verstoß gegen das Wettbewerbsrecht kommt nur dann in Betracht, wenn die Handlung ein Unternehmen fördern soll. Falls hinter dem Angebot einer Online-Auktion daher kein Unternehmen steht, kann die Handlung nicht unlauter sein. Eine ausdrückliche Definition des Unternehmens enthält das UWG zwar nicht, jedoch verweist § 2 Abs. 2 UWG zur Konkretisie-

---

[51] *Hefermehl/Köhler/Bornkamm(-Köhler)* Wettbewerbsrecht[24] (2006) § 2 UWG Rn. 5; *Fezer(-Fezer)* (Fn. 13), § 2 Rn. 17.

[52] *Hefermehl/Köhler/Bornkamm*[24]*(-Köhler)* (Fn. 51), § 2 UWG Rn. 5; *Fezer(-Fezer)* (Fn. 13), § 2 Rn. 17.

[53] *Hefermehl/Köhler/Bornkamm*[24]*(-Köhler)* (Fn. 51), § 2 UWG Rn. 22; nach a. A. handelt es sich um ein objektives Merkmal: *Fezer(-Fezer)* (Fn. 13), § 2 UWG Rn. 27, 32; die Feststellung erfolgt aber nach allen Ansichten anhand objektiver Indizien.

[54] *Hefermehl/Köhler/Bornkamm*[24]*(-Köhler)* (Fn. 51), § 2 UWG Rn. 22; *Fezer(-Fezer)* (Fn. 13), § 2 Rn. 28.

rung des Begriffs des Unternehmers auf § 14 BGB. Unter der Voraussetzung, dass die Definition des Unternehmers sinngemäß auch für die Unternehmensdefinition herangezogen werden kann, sollen im Folgenden ihre konkreten Voraussetzungen ermittelt und auf die Anbieter in Online-Auktionen angewendet werden.

I) Verhältnis der Begriffe Unternehmen und Unternehmer

Das UWG verwendet nicht nur den Begriff des „Unternehmens“[55], sondern auch den des „Unternehmers“[56]. Sprachlicher Unterschied zwischen den Begriffen ist ihr personaler Bezug. Der Begriff Unternehmen bezeichnet die sachlichen Inhalte des Unternehmens, wie die betriebliche Tätigkeit und Organisation,[57] und beruht daher auf einem wirtschaftlichen Verständnis. Unternehmer ist dagegen der Inhaber oder Träger des Unternehmens,[58] wofür sowohl juristische als auch natürliche Personen in Frage kommen, § 14 Abs. 2 UWG.

Da die Unternehmereigenschaft also das Bestehen eines Unternehmens voraussetzt, müssen die Begriffe mit Ausnahme ihrer personellen Ausrichtung deckungsgleich sein. Dies bestätigt die amtliche Begründung des Gesetzes, in der die Begriffe nahezu synonym verwendet werden. So soll den Begründungen zufolge das unter § 2 Abs. 1 Nr. 1 UWG aufgestellte Erfordernis der Förderung eines „Unternehmens“ auch „Unternehmer“ mit Monopolstellung erfassen.[59] Auch in der Rechtsprechung wird die Unternehmerdefinition auf die des Unternehmens übertragen.[60] Da der Wortlaut des § 2 Abs. 2 UWG zudem ausdrücklich die Möglichkeit einer „entsprechenden“ Anwendung der Definition eröffnet, ist der Verweis auf § 14 Abs. 1 BGB auch auf den Unternehmensbegriff anzuwenden.

II) Definition des Unternehmers

§ 14 Abs. 1 BGB definiert den Unternehmer als eine natürliche oder juristische Person oder eine rechtsfähige Personengesellschaft, die bei Abschluss eines

---

[55] §§ 2 Abs. 1 Nr. 1; 4 Nr. 8; 8 Abs. 2; 17 UWG.
[56] §§ 2 Abs. 1 Nr. 3, Abs. 2; 4 Nr. 8; 8 Abs. 3 Nr. 2; 15 Abs. 2 UWG.
[57] *Hefermehl/Köhler/Bornkamm*[24](*-Köhler*) (Fn. 51), § 2 UWG Rn. 7.
[58] *Hefermehl/Köhler/Bornkamm*[24](*-Köhler*) (Fn. 51), § 2 UWG Rn. 7.
[59] Regierungsentwurf eines Gesetzes gegen den unlauteren Wettbewerb (UWG), BT-Drs. 15/1487, 16 Zu § 2 Abs. 2 Nr. 2 UWG-E.
[60] OLG Frankfurt a. M. 22.12.2004, GRUR-RR 2005, 319, 320.

Rechtsgeschäfts in Ausübung ihrer gewerblichen oder selbständigen beruflichen Tätigkeit handelt. Das Gegenstück zum Unternehmer ist der Verbraucher. Bei diesem handelt es sich gemäß § 13 BGB um eine natürliche Person, die ein Rechtsgeschäft zu einem Zwecke abschließt, der weder ihrer gewerblichen noch ihrer selbständigen beruflichen Tätigkeit zugerechnet werden kann.

1) Entwicklung und Ansatz der Unternehmerdefinition

Die gesetzliche Unterscheidung zwischen Unternehmern und Verbrauchern geht auf den europäischen Verbraucherschutz zurück. Erstmalig wurde der Verbraucherbegriff im Rahmen des internationalen Zivilprozess- und Privatrecht, 1978 in Art. 13 S. 1 EuGVÜ[61] und 1980 in Art. 5 Abs. 1 EVÜ[62], als dynamische, vom Vorliegen eines gewerblichen oder beruflichen Zwecks des jeweiligen Vertrages abhängige Eigenschaft definiert. Über Art. 2 der Haustürwiderrufsrichtlinie[63] wurde der Verbraucherbegriff erstmals Gegenstand des nationalen Vertragsrechts und über die nahezu gleich lautende Vorschrift in Art. 2 Nr. 2 der Fernabsatzrichtlinie[64] weiter als Grundbegriff des europäischen Verbraucherschutzrechts verankert. 1996 führte die Umsetzung der EG-Missbrauchsklauseln-Richtlinie[65] zur Übernahme der in 2 b) und c) dieser Richtlinie enthaltenen Definitionen in § 24a AGBG.[66] Den Anstoß, die Definitionen von Verbraucher und Unternehmer durch die Übernahme in den Allgemeinen Teil des BGB zu allgemeinen Begriffen des Zivilrechts zu machen, gab die EG-Fernabsatzrichtlinie[67] von 1997. Während des Gesetzgebungsverfahrens zur

---

[61] Übereinkommen über die gerichtliche Zuständigkeit und die Vollstreckung gerichtlicher Entscheidungen in Zivil- und Handelssachen v. 27.9.1968, BGBl. 1972 II, 774, geändert durch Titel II Übereinkommen vom 9.10.1978 v. 22.12.1983, BGBl. II, 802.

[62] Übereinkommen über das auf vertragliche Schuldverhältnisse anzuwendende Recht v. 19.6.1980, BGBl. 1986 II, 810.

[63] Richtlinie 85/577/EWG des Rates vom 20. Dezember 1985 betreffend den Verbraucherschutz im Falle von außerhalb von Geschäftsräumen geschlossenen Verträgen, Abl. EU 1985 L 372/31.

[64] Richtlinie 97/7/EG des Europäischen Parlaments und des Rates vom 20. Mai 1997 über den Verbraucherschutz bei Vertragsschlüssen im Fernabsatz, Abl. EU 1997 L 144/19.

[65] Richtlinie 93/13/EWG des Rates vom 5. April 1993 über mißbräuchliche Klauseln in Verbraucherverträgen, ABl. EG 1993 L 95/29.

[66] Durch das Gesetz zur Änderung des AGB-Gesetzes und der Insolvenzordnung v. 19.7.1996, BGBl. 1996 I 1036.

[67] Richtlinie 97/7/EG des Europäischen Parlaments und des Rates vom 20. Mai 1997 über den Verbraucherschutz bei Vertragsabschlüssen im Fernabsatz, ABl. EG 1997 L 144/19.

Umsetzung dieser Richtlinie wurden die §§ 13 und 14 BGB formuliert und mit Wirkung zum 1.1.2002 in das BGB übernommen.[68]

Während das allgemeine Zivilrecht in Deutschland die Unterlegenheit von Verbrauchern nur in besonderen Fallgruppen und unter Berücksichtigung der individuellen Situation und Fähigkeiten berücksichtigt hat,[69] basiert die Unterscheidung zwischen Verbrauchern und Unternehmern auf der Annahme, dass ein Wissensvorsprung in Vertragsfragen auf Seiten des professionellen Vertragspartners die Regel und die privat handelnde Vertragspartei gegenüber ihrem professionellen Vertragspartner stets schutzbedürftig ist.[70] Da die Zuordnung einer Vertragspartei als Verbraucher oder Unternehmer von dem Zweck des jeweiligen Vertrages abhängig gemacht wird,[71] tritt die bevorzugende Wirkung der Schutzvorschriften unabhängig von der individuellen Schutzbedürftigkeit der Partei immer ein, wenn der Vertragszweck der einen Partei im privaten Bereich liegt.[72] Daher kann dieselbe Person zwei inhaltlich identische Verträge bei unterschiedlichen Vertragszwecken nacheinander als Verbraucher unter dem Schutz der jeweiligen Schutzvorschriften und anschließend als Unternehmer unter Geltung des allgemeinen Zivilrechts abschließen.[73]

2) Gewerbe

Gemäß § 14 Abs. 1 1. Var. BGB führt die Ausübung einer gewerblichen Tätigkeit zur Qualifikation als Unternehmer. Was genau unter einer gewerblichen Tätigkeit zu verstehen ist, definieren aber weder das Bürgerliche Gesetzbuch

---

[68] Die Einfügung der §§ 13, 14 BGB erfolgte durch die Beschlussempfehlung und Bericht des Rechtsausschusses (6. Ausschuss) zu dem Gesetzentwurf der Bundesregierung – Drucksachen 14/2658, 14/2920 – Entwurf eines Gesetzes über Fernabsatzverträge und andere Fragen des Verbraucherrechts sowie zur Umstellung von Vorschriften auf Euro, BT-Drs. 14/3195, 7 f..; Gesetz über Fernabsatzverträge und andere Fragen des Verbraucherrechts sowie zur Umstellung von Vorschriften auf Euro, BGBl. 2000 I 897, 899.

[69] Z.B. im Zusammenhang mit sittenwidrigen Vertragskonstellationen im Bereich der Ratenkredite und Bürgschaften: BGH 10.7.1986, BGHZ 98, 174, 179; 23.1.1997, NJW 1997, 1005, 1006.

[70] *Palandt/Bassenge(-Heinrichs)*, BGB[65] (2006) § 13 BGB Rn. 1; ähnlich Münchener Kommentar zum BGB(*-Micklitz*), I: §§ 1-240 BGB, AGB-Gesetz[4] (2001) Vor §§ 13, 14 BGB Rn. 66, der für eine vermutete Schutzbedürftigkeit der Verbraucher plädiert.

[71] *Bamberger/Roth(-Schmidt-Räntsch)* BGB, §§ 1-610 BGB (2005) § 13 BGB Rn. 4, § 14 Rn. 5.

[72] *Bülow/Artz*, NJW 2000, 2049, 2050.

[73] *Staudinger(-Weick)*, Kommentar zum Bürgerlichen Gesetzbuch: §§ 1-14, Neubearbeitung (2004), § 13 BGB Rn. 41.

oder die Begründungen zu den §§ 13, 14 BGB, noch die Vorgängervorschrift, § 24a AGBG. Auch die der Norm zugrunde liegenden Richtlinien nennen keine konkreten Voraussetzungen der gewerblichen Tätigkeit. Allerdings wird das Merkmal Gewerbe in zahlreichen anderen Vorschriften verwendet. Zunächst soll deshalb untersucht werden, welche Bedeutung die Verwendung des Merkmals in anderen Vorschriften für die Frage der Unternehmerqualifikation hat. Hierauf aufbauend sind die konkreten Voraussetzungen des für § 14 Abs. 1 BGB relevanten Gewerbebegriffes zu nennen.

a) Der Gewerbebegriff außerhalb des BGB

Der Begriff des Gewerbes ist neben der Unternehmerdefinition auch für das Gewerbe-, Steuer- und Handelsrecht von Bedeutung. Trotz grundsätzlicher Gemeinsamkeiten wird der Begriff nicht einheitlich, sondern jeweils akzessorisch zu den unterschiedlichen Gesetzeszwecken ausgelegt.[74] Gemeinsam sind den Gewerbedefinitionen die Merkmale der Selbständigkeit, der Ausrichtung auf Dauer und der Ausschluss der freien, künstlerischen und wissenschaftlichen Berufe.[75] Im Unterschied zum Handelsrecht erfordern die Gewerbedefinitionen des Steuer- und Gewerberechts zusätzlich die Erlaubtheit der Tätigkeit.[76] Zudem ist die Erforderlichkeit einer Gewinnerzielungsabsicht im Handelsrecht umstritten.[77] Darüber hinaus klammert das Steuerrecht landwirtschaftliche Tätigkeiten vom Gewerbebegriff aus.[78]

Ob und in welchem Umfang auf die zum Handels-, Gewerbe- und Steuerrecht entwickelten Gewerbedefinitionen im Rahmen von §§ 13, 14 BGB zurückgegriffen werden kann, hängt von der Vergleichbarkeit ihrer Funktionen ab. Obwohl die §§ 13, 14 BGB erst in Kombination mit den auf sie verweisenden Normen eine konkrete Funktion erhalten, besteht ihr allgemeiner Zweck darin, die Unterscheidung zwischen strukturell erfahrenen, professionell agierenden

---

[74] *Tettinger/Wank(-Tettinger)*, Gewerbeordnung[7] (2004) § 1 GewO Rn. 5.

[75] Zum Gewerberecht: *Tettinger/Wank*[7]*(-Tettinger)* (Fn. 74), § 1 GewO Rn. 7 ff.; zum Steuerrecht: § 15 Abs. 2 EstG; zum Zivilrecht: BGH 7.7.1960, NJW 1961, 725 ff.; 18.1.1968, NJW 1968, 639 f.; 28.10.1971, NJW 1972, 95, 98; NJW 1982, 1815, 1816.

[76] § 15 Abs. 2 EStG; *Landmann/Rohmer(-Kahl)*, Gewerbeordnung und ergänzende Vorschriften[46] (2004), § 1 GewO Rn.3; *Tettinger/Wank*[7]*(-Tettinger)* (Fn. 74), § 1 GewO Rn. 32 ff..

[77] § 15 Abs. 2 EStG; *Landmann/Rohmer*[46]*(-Kahl)* (Fn. 76), § 1 GewO Rn.3; *Tettinger/Wank*[7]*(-Tettinger)* (Fn. 74), § 1 GewO Rn. 12 ff.; dagegen zum Handelsrecht: *Baumbach/Hopt(-Hopt)*, HGB[31] (2003) § 1 HGB Rn. 16; *Ebenroth/Boujong/Joost(-Kindler)* Handelsgesetzbuch (2001) § 1 HGB Rn. 26 ff..

[78] § 15 Abs. 2 EStG.

Unternehmern und den weniger erfahrenen Verbrauchern zu ermöglichen.[79] Das UWG nutzt diese Unterscheidung, um über den Unternehmerbegriff zum einen den Kreis der verantwortlichen und der geschützten Personen, zum anderen den Kreis der Anspruchsberechtigten zu beschränken.[80] Eine ähnliche Funktion besitzt der Gewerbebegriff im Handelsrecht, indem er als Voraussetzung des Kaufmannsstatus die Personen eingrenzt, deren Professionalität und Erfahrung die Anwendung des handelsrechtlichen Sonderprivatrechts rechtfertigt.[81] Demgegenüber hat der Gewerbebegriff im Rahmen des Gewerbe- und Steuerrechts keine das Privatrecht gestaltende Funktion. Im Gewerberecht entscheidet der Begriff als Grundvoraussetzung der Gewerbeordnung darüber, ob eine Tätigkeit den Kontroll- und Ordnungsvorschriften der Gewerbeordnung unterliegt,[82] der steuerrechtliche Gewerbebegriff bezweckt die Abgrenzung zu Einkünften aus unselbständiger Tätigkeit.[83] Eine vergleichbare Funktion hat also allein der in § 1 Abs. 2 HGB verwendete Gewerbebegriff, der somit im Rahmen der europarechtlichen Vorlagen zur Auslegung der §§ 13, 14 BGB herangezogen werden kann.[84]

b) Gewerbe im Sinne des § 14 Abs. 1 BGB

Ein Gewerbe im Sinne des Handelsrechts ist jede selbständige, auf Gewinnerzielung ausgerichtete oder jedenfalls entgeltliche wirtschaftliche Betätigung, die planmäßig auf Dauer ausgerichtet ist und keine freie, künstlerische oder wissenschaftliche Tätigkeit darstellt.[85]

aa) Selbständigkeit

Selbständig ist, wer seine Tätigkeit im Wesentlichen frei gestalten und seine Arbeitszeit frei bestimmen kann,[86] auf die wirtschaftliche Unabhängigkeit kommt

---

[79] *Palandt/Bassenge*[65](*-Heinrichs*) (Fn. 70), § 13 BGB Rn. 1.
[80] *Hefermehl/Köhler/Bornkamm*[24](*-Köhler*) (Fn. 51), § 2 UWG Rn. 87.
[81] *Ebenroth/Boujong/Joost*(*-Kindler*) (Fn. 77), § 1 HGB Rn. 1.
[82] *Landmann/Rohmer*[46](*-Kahl*) (Fn. 76), § 1 GewO Rn. 3.
[83] § 15 Abs. 2 EStG; § 2 GewStG.
[84] MünchKomm BGB[4](*-Micklitz*) (Fn. 70), § 14 BGB Rn. 12.
[85] *Baumbach/Hopt*[31](*-Hopt*) (Fn. 77), § 1 HGB Rn. 12; *Ebenroth/Boujong/Joost*(*-Kindler*) (Fn. 77), § 1 HGB Rn. 9; *Röhricht/Graf von Westphalen*(*-Röhricht*), Handelsgesetzbuch[2] (2001), § 1 HGB Rn. 23, zum modernen Gewerbebegriff: Rn. 24.
[86] *Koller/Roth/Morck*(*-Roth*), HGB[5] (2005) § 1 HGB Rn. 5.

es nicht an.[87] Selbständigkeit ist daher gegeben, wenn eine geschäftlich tätige Person nicht als Arbeitnehmer eines anderen handelt.[88] Dies ist insbesondere dann der Fall, wenn der Vertragsschluss die handelnde Person unmittelbar selbst berechtigt und verpflichtet.[89] Umgekehrt ist die Selbständigkeit aber nicht ausgeschlossen, wenn die handelnde Person nicht selbst Vertragspartei wird. Vor der Handelsrechtsreform[90] hatte § 1 HGB die Handelsvertreter noch ausdrücklich als Gewerbetreibende genannt.[91] Diese werden als Stellvertreter aber gerade nicht unmittelbar berechtigt und verpflichtet. Eine Reform des Gewerbebegriffes hat die Handelsrechtsreform nicht bezweckt.[92] Da juristische Personen keine Arbeitnehmer sein können,[93] ist die Selbständigkeit bei ihnen immer gegeben.[94]

bb) Auftreten am Markt

Im Handelsrecht wird das erkennbare Auftreten am Markt gefordert.[95] In Bezug auf den starren Kaufmannsstatus dient dieses Merkmal vor allem dazu, die nach außen nicht hervortretende eigene Vermögensverwaltung auszuschließen.[96] Auch im Zusammenhang mit §§ 13, 14 BGB besteht kein Grund, Tätigkeiten, die von außen nicht wahrzunehmen sind, dem Unternehmerbegriff zu unterstellen. Soweit das Merkmal aber darüber hinaus so verstanden wird, dass auch die Eigenschaft, als Unternehmer zu handeln, erkennbar sein muss,[97] ist eine Übertragung auf §§ 13, 14 BGB abzulehnen. Vor dem Hintergrund der verbraucher- und wettbewerbsschützenden Funktion kann die Form der Selbstdarstellung aber im Rahmen des § 14 Abs. 1 BGB nicht über die Zuordnung als Unternehmer unterscheiden. Anderenfalls könnten Unternehmer die für sie nachteiligen Rechtsfolgen durch ein äußerliches Auftreten als Verbraucher nicht nur ver-

---

[87] *Staub/Brüggemann(-Brüggemann)* HGB, §§ 1-104 HGB[4] (1995) § 1 Rn. 6.
[88] Münchener Kommentar zum HGB(*-Schmidt*), I: §§ 1-104 BGB[2] (2005) § 1 Rn. 27.
[89] So aber: *Röhricht/Graf von Westphalen*[2]*(-Röhricht)* (Fn. 85), § 1 HGB Rn. 25; KG 15.1.1931, HRR 1931 Nr. 1240.
[90] Gesetz zur Neuregelung des Kaufmanns- und Firmenrechts und zur Änderung anderer handels- und gesellschaftsrechtlicher Vorschriften (Handelsrechtsreformgesetz - HRefG) vom 22. 6. 1998, BGBl. 1998 I 1474.
[91] § 1 Abs. 2 Nr. 7 HGB (a.F.).
[92] *Röhricht/Graf von. Westphalen*[2]*(-Röhricht)* (Fn. 85) Einl. Rn. 37.
[93] *Palandt/Bassenge*[65]*(-Weidenkaff)* (Fn. 70), Einf. vor § 611 BGB Rn. 6, 7.
[94] *Röhricht/Graf von. Westphalen*[2]*(-Röhricht)* (Fn. 85), § 1 HGB Rn. 25; MünchKomm HGB[2](*-Schmidt*) (Fn. 88), § 1 HGB Rn. 19.
[95] *Baumbach/Hopt*[31]*(-Hopt)* (Fn. 77), § 1 HGB Rn. 16; *Karsten Schmidt* Handelsrecht[5] (1999) 283 ff. (§ 9 IV 2 b) aa)).
[96] MünchKomm HGB[2](*-Schmidt*) (Fn. 88), § 1 HGB Rn. 28.
[97] MünchKomm BGB[4](*-Micklitz*) (Fn. 70), § 14 BGB Rn. 20.

schleiern, sondern sogar rechtswirksam ausschließen.[98] Daher ist es nicht erforderlich, dass die Unternehmereigenschaft aus dem Marktverhalten deutlich wird.

cc) Entgeltliche Tätigkeit oder Gewinnerzielungsabsicht

Ein Gewerbe setzt eine entgeltliche Tätigkeit voraus. Im Handelsrecht ist umstritten, ob darüber hinaus die Absicht erforderlich ist, durch die Tätigkeit Gewinn zu erzielen. Während vor allem in der Rechtsprechung die Gewinnerzielungsabsicht als notwendiges Kriterium des handelsrechtlichen Gewerbebegriffes angesehen wird,[99] genügt der Literatur überwiegend das Vorliegen einer entgeltlichen Tätigkeit.[100] Für das Wettbewerbsrecht[101] als auch für das Verbraucherschutzrecht[102] ist die Gewinnerzielungsabsicht aber bedeutungslos. In beiden Zusammenhängen kommt es entscheidend auf die mit dem Auftreten als Unternehmer verbundene Wirkung, nicht aber auf die Motive an. Letztere wären in der Praxis außerdem kaum nachweisbar.[103]

dd) Planmäßige Ausrichtung auf Dauer

Nach der handelsrechtlichen Definition setzt eine gewerbliche Tätigkeit eine planmäßige Ausrichtung auf Dauer voraus. [104] Dahinter steht die für die typisierende Betrachtung relevante Vermutung, dass unter dieser Voraussetzung ein organisatorischer Mindestaufwand[105] betrieben worden ist. Obwohl sich der Begriff der Dauer etabliert hat, besteht weite Einigkeit darin, dass es nicht um eine bestimmte, in Tagen messbare Zeitspanne geht,[106] sondern um eine Ausrichtung des Geschäftes auf eine unbestimmte Anzahl von Geschäfts-

---

[98] MünchKomm BGB[4](*-Micklitz*) (Fn. 70), § 14 BGB Rn. 20, 21.

[99] BGH 7.7.1960, BGHZ 33, 321, 324; 28.10.1971, BGHZ 57, 191, 199; 22.4.1982, BGHZ 83, 382, 386.

[100] *Karsten Schmidt* HandelsR[5] (1999) 283 ff. (§ 9 IV 2b); *Canaris* Handelsrecht[22] (1995) 23 (§ 2 I 2 b); *Baumbach/Hopt*[31](*-Hopt*) (Fn. 77), § 1 HGB Rn. 2.

[101] BGH 19.12.1961, GRUR 1962, 254, 255 - Fußballprogrammheft; 23.1.1976, GRUR 1976, 370, 371 - Lohnsteuerhilfevereine I; 19.6.1981, GRUR 1981, 823, 825 - Ecclesia-Versicherungsdienst; 18.12.1981, BGHZ 82, 375, 395 - Brillen-Selbstabgabestellen.

[102] MünchKomm BGB[4](*-Micklitz*) (Fn. 70), § 14 BGB Rn. 16; *Staudinger*(-Habermann) (Fn. 73), § 14 BGB Rn. 35.

[103] MünchKomm BGB[4](*-Micklitz*) (Fn. 70), § 14 BGB Rn. 16.

[104] *Staub/Brüggemann*[4](*-Brüggemann*) (Fn. 87), § 1 HGB Rn. 7; *Karsten Schmidt*, Handelsrecht[5] (1999) 288 (§ 9 IV 2 c)); *Canaris* Handelsrecht[22] (1995) 21 (§ 2 I 1 c)).

[105] MünchKomm BGB[4](*-Basedow*) (Fn. 70), § 24a AGBG Rn. 24.

[106] *Staub/Brüggemann*[4](*-Brüggemann*) (Fn. 87), § 1 HGB Rn. 7.

abschlüssen. Die Absicht des Handelnden darf sich nicht nur auf den Abschluss eines einzelnen oder mehrerer einzelner Geschäfte beziehen, sondern muss erkennbar darauf gerichtet sein, wenigstens während einer gewissen Zeitdauer eine Vielzahl oder einen Kreis als zusammenhängendes Ganzes verstandener entgeltlicher Geschäfte abzuschließen.[107] Dann sind auch die ersten Abschlüsse und Vorbereitungsgeschäfte[108] sowie Nebentätigkeiten[109] gewerblich.

ee) Keine freiberuflichen Tätigkeiten

Freie Berufe sowie wissenschaftliche oder künstlerische Tätigkeiten sind vom Gewerbebegriff ausgenommen.[110] Im Ergebnis ist diese Differenzierung jedoch bedeutungslos, da § 14 Abs. 1 BGB eben diese Beschäftigungen als selbständige berufliche Tätigkeiten an anderen Stellen in den Tatbestand aufnimmt. Dies entspricht den Vorgaben des Gemeinschaftsrecht, dem eine Sonderstellung der freien Berufe fremd ist.

3) Selbständige berufliche Tätigkeit

Auch die Ausübung einer selbständigen beruflichen Tätigkeit führt zur Qualifikation als Unternehmer, § 14 Abs. 1 2. Var. BGB. Beruf wird allgemein als jede erlaubte, sinnvolle auf Dauer angelegte Tätigkeit, die der Schaffung und Erhaltung der Lebensgrundlage dient, definiert.[111] Allerdings ist der Anwendungsbereich des § 14 Abs. 1 BGB ausdrücklich auf selbständige berufliche Tätigkeiten begrenzt, so dass sämtliche unselbstständigen Tätigkeiten vom Unternehmerbegriff ausgenommen sind.[112] Das Merkmal erfasst daher nur die selbstständigen beruflichen Tätigkeiten, die kein Gewerbe darstellen, also die freien, wissenschaftlichen und künstlerischen Tätigkeiten, die im deutschen

---

[107] Reichsgericht 29.10.1896, RGZ 38, 18; 23.4.1907, RGZ 66, 48, 51; *Röhricht/Graf von Westphalen*²(*-Röhricht*) (Fn. 85), § 1 HGB Rn. 28; ähnlich *Baumbach/Hopt*³¹(*-Hopt*) (Fn. 77), § 1 HGB Rn. 13; MünchKomm HGB²(*Schmidt*) (Fn. 82), § 1 Rn. 30).

[108] *Röhricht/Graf von Westphalen*²(*-Röhricht*) (Fn. 85), § 1 HGB Rn. 28.

[109] *Ebenroth/Boujong/Joost*(*-Kindler*) (Fn. 77), § 1 HGB Rn. 24.

[110] MünchKomm HGB²(*-Schmidt*) (Fn. 88), § 1 Rn. 32 ff.; *Baumbach/Hopt*³¹(*-Hopt*) (Fn. 77), § 1 HGB Rn. 19.

[111] MünchKomm BGB⁴(*-Micklitz*) (Fn. 70), § 14 BGB Rn. 24 mit Verweis auf BGH WM 1988, 857, 858; ferner BVerfG 11.6.1958, BVerfGE 7, 377, 397; 1.3.1979, BVerfGE 50, 290, 362.

[112] MünchKomm BGB⁴(*-Micklitz*) (Fn. 70), § 14 BGB Rn. 24.

Recht vom Gewerbebegriff ausgenommen sind.[113] Die gewollte Gleichstellung[114] der freien Berufe mit dem Gewerbe bedeutet, dass die übrigen Voraussetzungen identisch sein müssen. Daher stellt auch der selbstständige Beruf eine planvolle, auf gewisse Dauer ausgerichtete entgeltliche Tätigkeit dar.[115]

4) Zweckrichtung

Da jede natürliche Person beim Abschluss eines Vertrages sowohl Verbraucher als auch Unternehmer sein kann, kommt es darauf an, ob ein konkretes Rechtsgeschäft der selbständigen beruflichen oder gewerblichen Tätigkeit der Person zugerechnet werden kann. Diese Bedeutung der Zweckrichtung eines geschäftlichen Verhaltens ist eine direkte Vorgabe des Gemeinschaftsrechts, das die Unterscheidung zwischen Unternehmer und Verbraucher seit jeher anhand dieses Kriteriums vornimmt.[116] Zu bestimmen ist der Zweck allerdings nicht anhand des inneren Willens der Vertragspartei, sondern anhand objektiver Indizien.[117]

III) Die Unternehmereigenschaft von Auktionsanbietern

Die Unternehmereigenschaft der Auktionsanbieter setzt somit voraus, dass zum einen die Nutzung der Auktionsplattformen durch den jeweiligen Anbieter als gewerbliche oder selbständige berufliche Tätigkeit zu qualifizieren ist, und dass zum anderen auch das konkrete Geschäft mit dieser Tätigkeit zusammenhängt.

1) Plattformnutzung als Gewerbe oder Beruf

Die meisten Merkmale der Gewerbedefinition und der selbständigen beruflichen Tätigkeit sind bei Nutzern von Online-Auktionen unproblematisch. So folgt die Entgeltlichkeit der Angebote und das Auftreten am Markt schon aus der Funktionsweise der Versteigerung. Auch die Selbständigkeit der Anbieter ist bei Online-Auktionen stets gegeben. Anbieter und potentieller Vertragspartner ist nämlich immer die natürliche oder juristische Person, die sich unter dem jewei-

---

[113] *Bamberger/Roth(-Schmidt-Räntsch)* (Fn. 71), § 14 BGB Rn. 9.
[114] MünchKomm BGB[4](*-Micklitz*) (Fn. 70), § 14 BGB Rn. 24.
[115] MünchKomm BGB[4](*-Micklitz*) (Fn. 70), § 14 BGB Rn. 24.
[116] Vgl. oben 3. Teil A) II) 1).
[117] BGH 24.3.2005, K & R 2005, 326; *Bamberger/Roth(-Schmidt-Räntsch)* (Fn. 71), § 13 BGB Rn. 10, § 14 BGB Rn. 11; *Palandt/Bassenge*[65](*-Heinrichs*) (Fn. 70), § 13 Rn. 4.

ligen Pseudonym bei der Auktionsplattform registriert hat.[118] Ob der Anbieter das Einstellen der Angebote auf Angestellte übertragen hatte, ist für den Verkehr weder erkennbar, noch erheblich.[119]

Schwierigkeiten bereitet aber die Abgrenzung der planmäßig auf Dauer ausgerichteten Angebote von solchen, die lediglich die Wahrnehmungen von Gelegenheiten darstellen. Wegen der grundsätzlichen Unterschiede soll diese Zuordnung für die Angebote von Waren und für Dienstleistungsangebote getrennt untersucht werden. Anschließend wird die Bedeutung eigener Bezeichnungen der Anbieter für die Qualifikation dargestellt.

a) Dauerhaftigkeit bei Warenangeboten

Für die Feststellung, ob die Anbieter von Waren die Plattform planmäßig auf Dauer nutzen, muss dieses abstrakte Merkmal zunächst auf den Warenhandel über Online-Auktionen übertragen werden. Anhand der damit verbundenen Konkretisierung werden anschließend die Möglichkeiten des Nachweises in der Praxis dargestellt.

aa) Voraussetzungen der Ausrichtung auf Dauer

Da das öffentliche Anbieten von Waren auf den klassischen Märkten in der Regel mit erheblichen zeitlichen und finanziellen Aufwendungen verbunden ist, fällt die Grenzziehung zwischen der Wahrnehmung von Gelegenheiten und einer planmäßigen Ausrichtung auf Dauer dort nicht schwer. Mit Ausnahme der Flohmarktverkäufe ist es erforderlich, geeignete Geschäftsräume anzumieten und zu gestalten. Der anschließende Betrieb des Ladengeschäftes wird entweder zur Vollzeitbeschäftigung oder verursacht durch die Anstellung von Mitarbeitern erhebliche Kosten. Darüber hinaus ist es notwendig, potentielle Kunden über Werbung auf die Angebote aufmerksam zu machen.

Im Gegenteil dazu setzt der Handel über Online-Auktionen kaum Aufwand voraus. Um ein Angebot zu veröffentlichen, muss lediglich über das Fotografieren und Beschreiben der Ware die Verkaufsanzeige erstellt werden. Kundeninformation, Preisfindung und Vertragsschluss erfolgen anschließend automatisch über die Software des Auktionsportals. Aufgrund der Bekanntheit der Auktions-

---

[118] LG Berlin 1.10.2003, NJW 2003, 3493, 3494.
[119] LG Berlin 1.10.2003, NJW 2003, 3493, 3494.

portale und der automatisierten Präsentation der Angebote über die plattformeigene Suchmaschine muss der Betreiber einer Online-Auktion außerdem keine eigene Werbung für seine Angebote betreiben. Auch die Lagerung der meisten Warenarten erfordert jedenfalls bei den in der Anfangsphase noch geringeren Umsätzen meist keine besonderen Vorkehrungen.

In einem Aspekt unterscheiden sich gewerbliche und private Warenanbieter jedoch auch im Rahmen von Online-Auktionen deutlich voneinander. Ebenso wie die Betreiber von Ladengeschäften sind Auktionsanbieter darauf angewiesen, die zu veräußernden Waren im Vorwege zu beschaffen oder herzustellen. Dies gilt unabhängig davon, ob es sich um neue, gebrauchte oder um Kommissionsware handelt. Da die Beschaffung von Waren zum Zweck der Weiterveräußerung eine Auseinandersetzung mit den Marktverhältnissen, insbesondere den Marktpreisen, voraussetzt, ist in diesen Fällen eine planmäßige Ausrichtung auf Dauer immer gegeben. Umgekehrt kann die Veräußerung von eigenem Alteigentum schon wegen des begrenzten Vorrats nicht auf Dauer ausgerichtet sein. Warenangebote in Online-Auktionen stellen somit dann ein unternehmerisches Handeln dar, wenn der Anbieter die Waren zu diesem Zweck beschafft oder hergestellt hat.

bb) Indizien für die Ausrichtung auf Dauer

Die Möglichkeiten, die mit der gezielten Warenbeschaffung verbundene planmäßige Ausrichtung auf Dauer festzustellen, sind bei Online-Auktionen allerdings stark eingeschränkt. Direkte Informationen über die Anbieter erhalten potentielle Vertragspartner nur, wenn der Anbieter sie in den Artikelbeschreibungen oder über einen Link[120] veröffentlicht. Im Mittelpunkt der gerichtlichen Praxis steht daher die Nachweisbarkeit der Unternehmereigenschaft über Indizien.[121] Mögliche Anzeichen sind neben dem Mitgliedsnamen und der Artikelbeschreibung vor allem die über das Mitglied abgegebenen Bewertungen und die übrigen noch laufenden oder bereits abgeschlossenen Angebote des

---

[120] Z.B. Mich-Seite bei eBay.

[121] OLG Oldenburg 20.1.2003 MMR 2003, 270; OLG Frankfurt a.M. 27.7.2004 NJW 2004, 3433; OLG Frankfurt a.M. 16.8.2004 GRUR-RR 2005, 239, 240; OLG Frankfurt a.M. 22.12.2004 NJW 2005, 1438; OLG Köln 18.3.2005 MMR 2005, 545, 546; LG Osnabrück 6.11.2002, CR 2003, 293; LG Berlin 10.6.2003 GRUR-RR 2004, 16, 17; LG Hof 29.8.2003, CR 2003, 854; LG Mainz 6.7.2005, BB 2005, 2264, 2265; AG Detmold 27.4.2004 MMR 2004, 638; AG Radolfzell 29.7.2004 NJW 2004, 3342; AG Bad Kissingen 4.4.2005 NJW 2005, 2463.

Mitglieds. Soweit die Portale umsatzstarke Anbieter gesondert kennzeichnen,[122] können zudem Rückschlüsse auf die minimalen oder maximalen Umsätze gezogen werden.

(1) Bei neuwertigen Waren

Von einem gezielten Beschaffen der angebotenen Waren ist auszugehen, wenn überwiegend Neuwaren angeboten werden. Ohne das Hinzutreten besonderer Gründe ist es nicht nachvollziehbar, dass ein Anbieter Waren unmittelbar nach dem Erwerb weiterveräußert, ohne dies bereits beim Erwerb beabsichtigt zu haben. Das wiederholte Anbieten neuwertiger Waren stellt deshalb ein sicheres Indiz für das unternehmerische Handeln des Anbieters dar. Da der Handel mit Neuwaren den größten Teil der Angebote ausmacht, können anhand dieses Merkmals die meisten Anbieter als Unternehmer oder Verbraucher qualifiziert werden.

(2) Bei gleichartigen Waren

Eine gezielte Warenbeschaffung ist auch dann anzunehmen, wenn wiederholt gleichartige Waren zur Versteigerung angeboten werden.[123] Es ist unwahrscheinlich, dass gleichartige oder gar identische Waren in größerer Anzahl für den Eigenbedarf erworben und später weiterveräußert werden. Das wiederholte Anbieten von Gebrauchtwaren, die sich einer gemeinsamen Spezialisierung zuordnen lassen, etwa beim Handel mit Antiquitäten oder Sammelobjekten, stellt daher ebenfalls ein gewichtiges Indiz für die Ausrichtung auf Dauer dar.

(3) Bei gebrauchten und gemischten Waren

Schwieriger ist der Nachweis der planmäßigen Ausrichtung auf Dauer, wenn weder Neuwaren, noch gleichartige Gebrauchtwaren angeboten werden. Solche Sortimente mit gebrauchten Gemischtwaren sind bei professionellen Anbietern vor allem bei Kommissionshändlern anzufinden, die Gebrauchtwaren im Auf-

---

[122] Z.B. als Powerseller, oben 2. Teil: B)II).

[123] LG Hof 29.8.2003, CR 2003, 854; LG Mainz 6.7.2005, BB 2005, 2264, 2265; AG Randolfzell 29.7.2004, NJW 2004, 3342; zum Merkmal der Geschäftsmäßigkeit: OLG Frankfurt a.M. 15.6.2004, NJW 2004, 2098, 2099.

trag Dritter versteigern.[124] Der Umstand, dass sich der Anbieter die Versteigerungswaren gezielt beschafft, kann in diesen Fällen nur über quantitative Indizien nachgewiesen werden. Dabei spielt der in einem bestimmten Zeitraum erzielte finanzielle Umsatz des Anbieters keine Rolle, schließlich werden über Online-Auktionen auch einzelne Waren gehandelt, deren Wert den Jahresumsatz vieler gewerblicher Anbieter übersteigt. Vom gezielten Beschaffen der Versteigerungsware kann aber ausgegangen werden, wenn Häufigkeit und Regelmäßigkeit der Angebote mit der Weiterveräußerung von Privateigentum nicht mehr zu erklären sind.[125] Die genaue Grenzziehung hängt jedoch maßgeblich von den jeweiligen Produkten ab. So wäre es beispielsweise plausibel, als Privatanbieter alle paar Tage ein gebrauchtes Buch zu versteigern, während das monatliche Veräußern von Kraftfahrzeugen nur noch mit einer gezielten Warenbeschaffung zu erklären wäre.

b) Dauerhaftigkeit bei Dienstleistungsangeboten

Im Gegensatz zum Warenhandel sind die meisten Dienstleistungen maßgeblich mit einem persönlichen Zeitaufwand verbunden. In der Regel ist die planmäßige Ausrichtung auf Dauer daher gegeben, wenn die Dienstleistungen regelmäßig angeboten und erbracht werden. Nur in Ausnahmefällen wird ein Anbieter ohne eine planmäßige Ausrichtung regelmäßig Zeit investieren. Die erforderliche Häufigkeit muss in Abhängigkeit des mit der jeweiligen Dienstleistung verbundenen Zeitaufwands im Einzelfall festgestellt werden. Bei nur unregelmäßigen Dienstleistungsangeboten muss das Vorliegen des Merkmals anhand von Indizien ermittelt werden. Für eine planmäßige Ausrichtung auf Dauer spricht das Erfordernis erheblicher Vorbereitungen, sei es die Anschaffung von Werkzeug oder das Erlernen besonderer Fähigkeiten. Daneben kann die Gestaltung und Beschreibung des Angebots auch bei Dienstleistungen ein Indiz der unternehmerischen Ausrichtung sein.

c) Powerseller-Prädikat

Anbieter, die die von der Auktionsplattform angebotene Möglichkeit nutzen, sich über bestimmte, von der Plattform angebotene Prädikate als besonders pro-

---

124 Verkaufsagenten, oben 2. Teil: B)III).

125 Ähnlich LG Berlin 10. 6. 2003, GRUR-RR 2004, 16, 17, das jedoch allein die Regelmäßigkeit für ein abschließendes Kriterium hält; vgl. auch AG Detmold 27.4.2004, CuR 2004, 859.

fessionelle Anbieter zu kennzeichnen, sind in jedem Fall als Unternehmer zu qualifizieren. Diese Bezeichnungen werden nur dann verliehen werden, wenn die Anbieter in festgelegten Zeiträumen ein Mindestmaß an Umsätzen und Abschlüssen erwirtschaften.[126] Das Vorliegen dieser Voraussetzungen bedeutet zwar nicht zwangsläufig, dass auch eine planmäßige Ausrichtung auf Dauer vorliegt, gleichwohl wird dies angesichts der hohen Umsatzgrenzen nur in Ausnahmefällen nicht der Fall sein.

Entscheidend ist aber, dass die Anbieter sich über diese Attribute bewusst als besonders professionelle Anbieter präsentieren. Letztlich dienen die Bezeichnungen dazu, das Vertrauen der Kunden durch einen Hinweis auf die Professionalität und Erfahrung der Anbieter zu stärken.[127] Da sich die Anbieter damit gegenüber den Kunden als Unternehmer darstellen, sind sie rechtlich an diese Bewertung auch dann gebunden, wenn sie die Voraussetzungen des Unternehmerbegriffs im Einzelfall nicht erfüllen.[128] Im Ergebnis begründet die Bezeichnung als Powerseller daher die Unternehmereigenschaft.

2) Feststellung der Zweckrichtung

Praxisrelevant ist nicht nur die Frage, ob ein Auktionsanbieter eine gewerbliche oder selbständige berufliche Tätigkeit ausübt. Da die Unternehmerdefinition außerdem voraussetzt, dass das jeweilige Rechtsgeschäft aufgrund objektiver Merkmale der selbständigen Tätigkeit zuzurechnen ist,[129] muss auch diese Zweckrichtung in der Praxis festgestellt werden. Ob in Fällen, in denen keine ausreichenden objektiven Merkmale zur Verfügung stehen, auf die Vermutungsregel aus § 344 Abs. 1 HGB zurückgegriffen werden kann, ist umstritten.

a) Objektive Merkmale

Da die Zweckrichtung eigentlich eine von der Absicht des Handelnden abhängige, subjektive Tatsache ist, ist die unbestritten gebotene objektive Ermittlung nur im Wege des Anscheins- oder Indizienbeweises möglich.[130] Hierbei wirkt

---

[126] *Mankowski*, JZ 2005, 444, 451; *Leible/Wildeman*, K&R 2005, 26, 28.
[127] Oben 2. Teil B) II).
[128] *Staudinger(-Habermann)* (Fn. 73), § 14 BGB Rn. 53.
[129] Oben 3. Teil A) II) 4).
[130] Zur Begründung und zum Verhältnis dieser Beweisgrundsätze: *Musiekal(-Foerste)*, Kommentar zur Zivilprozessordnung[4] (2005), § 286 ZPO Rn. 24, 25; i.E. auch *Staudinger(-Habermann)* (Fn. 73), § 14 BGB Rn. 72.

sich die mit der Anonymität der Anbieter verbundene Limitierung der Informationsmöglichkeiten noch stärker aus als im Rahmen der Feststellung des allgemeinen Merkmals der planmäßigen Ausrichtung auf Dauer. Angaben über das konkrete Angebot, die als Indizien für die jeweilige Zweckrichtung herangezogen werden könnten, können sich nur aus dem Angebot selbst und aus der Artikelbeschreibung ergeben.

In den meisten Fällen ist aber bereits der Inhalt des Angebots selbst ein ausreichendes Indiz. Soweit das Merkmal der planmäßigen Ausrichtung auf Dauer deshalb als erfüllt angesehen wurde, weil der Anbieter regelmäßig gleichartige oder ungebrauchte Waren anbietet,[131] ist von einer unternehmensbezogenen Zweckrichtung auszugehen, wenn das konkrete Angebot im Einzelfall ebenfalls diese Merkmale erfüllt. Auch bei Dienstleistungen ist die unternehmensbezogene Zweckrichtung indiziert, wenn eine angebotene Leistung mit den üblicherweise angebotenen Leistungen übereinstimmt. Auch wenn diese Indizien nicht ausschließen können, dass im Einzelfall eine andere Zweckrichtung vorliegt, begründet die Übereinstimmung des konkreten Verhaltens mit dem unternehmerischen Verhalten des Anbieters in anderen Fällen den Anschein, dass der Zweck in der Ausübung der selbständigen Tätigkeit liegt.

Schwieriger ist der Nachweis der Zweckrichtung bei Angeboten, die keine Übereinstimmung mit den sonstigen Artikeln des Anbieters aufweisen, sei es, weil den Angeboten insgesamt keine klare Linie zugrunde liegt oder weil sich das eine Angebot von der im Übrigen bestehenden klaren Linie unterscheidet. In diesen Fällen kann allenfalls der Inhalt oder die Gestaltung der Angebotsbeschreibung ein Indiz für den unternehmer- oder verbraucherbezogenen Zweck darstellen, beispielsweise ein mit den übrigen Angeboten übereinstimmendes Layout oder die Verwendung von Allgemeinen Geschäftsbedingungen.

Falls die Zweckrichtung nicht festgestellt werden kann, führt dies sowohl im Verbraucherschutzrecht als auch im Wettbewerbsrecht dazu, dass der Vertragspartner nicht als Unternehmer gilt. Die Beweislast trifft nach den allgemeinen Grundsätzen die Partei, die sich auf eine für sie günstige Tatsache beruft.[132] Die Unternehmereigenschaft wäre im Verbraucherrecht für den Verbraucher und im Wettbewerbsrecht eine für die dem Unternehmer gegenüber stehende Partei günstige Tatsache.

---

131 Oben 3. Teil A) III) 1) a) bb).

132 *Musielak(-Foerste)*, Kommentar zur Zivilprozessordnung mit Gerichtsverfassungsgesetz[4] (2005), § 286 ZPO Rn. 35.

b) § 344 Abs. 1 HGB analog

Um die verbleibende Unsicherheit bei der Feststellung der Zweckrichtung eines Rechtsgeschäfts zu beseitigen, wird vorgeschlagen, die Zweckrichtung einzelner Rechtsgeschäfte über eine analoge Anwendung des § 344 Abs. 1 HGB zu vermuten.[133] Voraussetzung hierfür ist das Bestehen einer planwidrigen Regelungslücke und die Vergleichbarkeit der zu regelnden Lücke mit dem eigentlichen Regelungsinhalt.[134] Zudem müsste die Analogie mit der den §§ 13, 14 BGB zugrunde liegenden EG-Missbrauchsklauseln-Richtlinie[135] vereinbar sein.

aa) Planwidrige Regelungslücke

Eine planwidrige Regelungslücke läge vor, wenn der Gesetzgeber übersehen hätte, dass die bestehenden Regelungen in der Praxis ohne eine Verschiebung der Beweislast nicht befriedigend gelöst werden können. Die neutrale Formulierung der Unternehmensdefinition führt dazu, dass die allgemeinen Beweisregeln Anwendung finden. Diese belasten den Verbraucher damit, Beweis über den Zweck des Vertrages für seinen Vertragspartner führen zu müssen. Dies ist jedoch weder ein Unikat der Unternehmerdefinition, noch eine in der Praxis unlösbare Aufgabe. Die vorstehenden Ausführungen zeigen im Gegenteil, dass der Nachweis über die Zweckrichtung eines Vertrages anhand objektiver Indizien nur in besonderen Fällen nicht gelingt. In der Regel führen die bestehenden Regelungen somit zu sachgerechten Ergebnissen, eine Regelungslücke ist daher unwahrscheinlich.

bb) Vergleichbare Interessenslage

Zweifel bestehen auch hinsichtlich der Vergleichbarkeit der hinter § 344 Abs. 1 HGB und der Verbraucherdefinition stehenden Interessen. Zwar lässt sich das allgemeine Motiv des § 344 Abs. 1 HGB, praktische Unsicherheiten zu beseitigen und eine klare Zuordnung der Rechtsgeschäfte zu ermöglichen, ebenso auf die Unternehmerdefinition anwenden. Allerdings besitzt diese Funktion im Handelsrecht eine andere Qualität als bei der Unternehmerdefinition. Vorausset-

---

[133] *Mankowski*, VuR 2004, 79, 80 f.; ders. JZ 2005, 444, 451; *Bamberger/Roth(-Schmidt-Räntsch)* (Fn. 71), § 14 BGB Rn. 10; *Paland/Bassenge*[65]*(-Heinrichs)* (Fn. 70), § 13 BGB Rn. 13.

[134] *Larenz/Canaris* Methodenlehre der Rechtswissenschaft (1995), 333 ff..

[135] Richtlinie 93/13/EWG des Rates vom 5. April 1993 über missbräuchliche Klauseln in Verbraucherverträgen, ABl. EG 1993 L 95/29.

zung für die Geltung des § 344 HGB ist, dass der Vertragsschließende Kaufmann ist. Diese Eigenschaft ist als dauerhafter Status konzipiert, der durch die Eintragungspflicht gemäß § 29 HGB auch für Dritte ersichtlich ist. Durch die §§ 5 im Allgemeinen und 344 HGB im Rahmen konkreter Rechtsgeschäfte wird die praktische Bedeutung des Status gesichert. Der eingetragene Kaufmann kann sich weder darauf berufen, kein Kaufmann zu sein, noch kann er sich ohne geeignete Beweise auf die Behauptung stützen, ein einzelnes Geschäft als Privatgeschäft abgeschlossen zu haben. Das Gewicht des Vertrauensschutzmotivs wird nicht zuletzt dadurch deutlich, dass die Rechtsprechung zur Widerlegung der Vermutung des § 344 Abs. 1 HGB neben dem Vollbeweis des Privatgeschäfts auch den Beweis verlangt, dass der Vertragspartner wusste oder hätte wissen müssen, dass es sich nicht um ein Handelsgeschäft handelt.[136] Zweck des § 344 Abs. 1 HGB ist also der Schutz des Vertrauens in die Publizität des Handelsregisters und damit die Sicherung der Bedeutung des Kaufmannsstatus im Rahmen konkreter Rechtsgeschäfte.

Da die Unternehmereigenschaft aber nicht als Status, sondern im Gegenteil als dynamisches Attribut jedes einzelnen Rechtsgeschäfts konzipiert ist, gibt es keine Publizität, auf die der Rechtsverkehr vertrauen könnte. Zweck der §§ 13, 14 BGB ist daher nicht der Vertrauensschutz, sondern der Schutz der Verbraucher vor einem Ungleichgewicht der wirtschaftlichen Potentiale und Professionalität der Vertragsparteien.[137] Die Unterschiede der Interessen der Vorschriften lassen sich auch nicht durch eine Verknüpfung überbrücken. Zwar wäre es denkbar, eine Publizität des Gerierens als Unternehmer dem Verbraucherschutz dienbar zu machen, indem in diesen Fällen eine Unternehmerstellung vermutet wird.[138] Gerade das ist aber nicht das Konzept der Unternehmerdefinition. Diese will die Unternehmereigenschaft dynamisch und einzelfallbezogen feststellen und nicht einen Unternehmerstatus „durch die Hintertür“ einführen.

Die Unvereinbarkeit der Interessenlagen wird auch durch eine andere Besonderheit des Kaufmannsbegriffs deutlich. Im Gegensatz zum Kaufmannsbegriff unterscheidet die Unternehmerdefinition nicht zwischen Freiberuflern, Künstlern und Wissenschaftlern auf der einen Seite und Gewerbetreibenden auf der anderen. Da eine einseitige Anwendung der Vermutung auf Gewerbetreibende, nicht aber auf Freiberufler, eine klar richtlinienwidrige Ungleichbehandlung dieser in Art. 2 lit. c) EG-Missbrauchsklauseln-Richtlinie gleichgestellten Gruppen

---

[136] BGH 8.1.1976, WM 1976, 424, 425.
[137] *Staudinger(-Habermann)* (Fn. 73), § 14 BGB Rn. 70.
[138] So *Mankowski*, JZ 2005, 444, 451.

wäre,[139] müsste eine analoge Anwendung des § 344 Abs. 1 BGB im Rahmen der Unternehmerdefinition auch Freiberufler erfassen. Somit wäre die Übertragung der Vermutungsregel nur im Wege der doppelten Analogie möglich.[140] Einer Übertragung der Vermutung auf Freiberufler steht aber entgegen, dass der Gesetzgeber im Rahmen des Handelsrechts die bewusste Entscheidung getroffen hat, Freiberufler von der Vermutungswirkung auszunehmen. Je ähnlicher sich also die Funktionen des Unternehmers und des Kaufmanns wären, umso deutlicher wäre eine in der doppelten Analogie liegende Umgehung der im Handelsrecht getroffenen Differenzierung. Die zur Übertragung der analogen Übertragung der Vermutungsregel auf den Unternehmerbegriff erforderliche Interessennähe, würde also zugleich der dann notwendigen Übertragung der Vorschrift auf die freien Berufe entgegenstehen. Der Vergleich der Interessenlagen spricht daher ebenfalls gegen eine Analogie.

cc) Richtlinienkonformität

Vor allem aber lässt sich die Übertragung der Vermutung aus § 344 Abs. 1 BGB auf den Unternehmerbegriff nicht mit Art. 2 lit. b) EG-Missbrauchsklauseln-Richtlinie vereinbaren.

Wie bereits dargestellt,[141] verknüpft die Richtlinie die Stellung als Unternehmer oder Verbraucher ausschließlich mit dem jeweiligen Zweck eines Vertrages.[142] In diesem dynamischen Charakter des europäischen Unternehmerbegriffs ist das Gebot enthalten, dass gewerblich oder selbständig beruflich tätige Personen, die ein Rechtsgeschäft zu privaten Zwecken abschließen, im gleichen Maße vom Verbraucherschutzrecht profitieren wie Personen, die keine selbständige Tätigkeit ausüben und daher immer Verbraucher sind. Eine analoge Anwendung der Vermutungsregel würde die Selbständigen aber in richtlinienwidriger Weise benachteiligen. Anders als die nicht selbständig tätigen Personen könnten sie sich nur dann auf das Verbraucherschutzrecht berufen, wenn ihnen der Vollbeweis gelingt, dass sie keinen unternehmerischen Zweck verfolgt haben. Da hierfür aber das Ausräumen ernsthafter Zweifel erforderlich ist, birgt diese Schlechterstellung trotz der Tatsache, dass die hierfür maßgeblichen Umstände

[139] *Pfeiffer*, NJW 1999, 169, 170.
[140] *Mankowski*, JZ 2005, 444, 451.
[141] Oben 3. Teil A) II) 1).
[142] *Bülow/Artz*, NJW 2000, 2049, 2050.

im Bereich der beweisbelasteten Partei lägen, eine erhebliche Schlechterstellung der Selbständigen.[143]

c) Ergebnis

Die Feststellung der Zweckrichtung einzelner Angebote erfolgt bei Online-Auktionen über die aus dem Angebot und der Angebotsbeschreibung hervorgehenden Indizien. Unter Berücksichtigung der sonstigen Nutzung der Auktionsplattformen durch den Anbieter und der Gestaltung der Artikelbeschreibung ist die Feststellung der Zweckrichtung in den meisten Fällen möglich. Eine analoge Anwendung des § 344 Abs. 1 HGB ist hingegen ausgeschlossen. Zum einen fehlt es an einer Regelungslücke und einer vergleichbaren Interessenslage, zum anderen ließe sich die Analogie nicht mit Art. 2 lit. b) EG-Missbrauchsklauseln-Richtlinie vereinbaren.

IV) Zusammenfassung

Die Qualifikation eines Anbieters als Unternehmer entscheidet über die Anwendung des UWG und anderer grundlegender Vorschriften und ist daher von herausragender Bedeutung für die rechtliche Betrachtung der Geschäfte. Die Unternehmereigenschaft der Nutzer von Onlineauktionen hängt zum einen davon ab, ob die Nutzung planmäßig und mit Ausrichtung auf Dauer erfolgt, zum anderen davon, ob auch das konkrete Geschäft diesem Bereich zuzurechnen ist.

Die planmäßige Ausrichtung auf Dauer ist im Bereich des Warenhandels weniger offensichtlich als bei klassischen Verkaufsgeschäften, da es das virtuelle Umfeld der Auktionsplattformen ermöglicht, die Vorbereitungen für einen unternehmerischen Handel auf die Warenbeschaffung und die Beschreibung der Artikel zu reduzieren. Die gezielte Warenbeschaffung ist aber oft daran zu erkennen, dass wiederholt ungebrauchte oder gleichartige Waren angeboten werden. Da Dienstleistungen in der Regel mit einem persönlichen Zeitaufwand verbunden sind, kann die Ausrichtung auf Dauer anhand des Zeitaufwands und der Regelmäßigkeit der angebotenen Leistungen festgestellt werden. Anhand von Indizien gelingt in den meisten Fällen auch der Nachweis, ob ein konkretes Angebot zu einer selbständigen Tätigkeit oder dem Privatbereich gehört.

---

[143] *Pfeiffer*, NJW 1999, 169, 174; MünchKomm BGB^{4}(*-Micklitz*) (Fn. 70), § 14 BGB Rn. 27; a.A. *Mankowski*, JZ 2005, 444, 451; *Bamberger/Roth*(*-Schmidt-Räntsch*) (Fn. 71), § 14 BGB Rn. 10.

B) Unlauterkeit

Ob eine Wettbewerbshandlung unlauter im Sinne des § 3 UWG ist, hängt von vielen einzelnen Umständen ab, insbesondere von Art, Intensität und Forum der Maßnahme, Art des Gewerbes, Marktsituation, Branchenüblichkeit und Zeitgeist. Eine abschließende Nennung der möglichen unlauteren Wettbewerbshandlungen ist deshalb nicht möglich. Dennoch fassen die unter § 4 UWG genannten Beispiele und die in §§ 5, 6, 7 UWG definierten Tatbestände der irreführenden oder vergleichenden Werbung und der unzumutbaren Belästigung die wichtigsten von der Rechtsprechung herausgebildeten lauterkeitsrechtlichen Verbote zusammen.[144] Über die Generalklausel in § 3 UWG können darüber hinaus besonders schwer wiegende Handlungsweisen untersagt werden, die keiner dieser Konkretisierungen entsprechen.[145] Von grundlegender Bedeutung für das Wettbewerbsrecht im Allgemeinen und für das Irreführungsverbot in §§ 3, 5 UWG im Besonderen ist das Bild vom Verbraucher, das der wettbewerbsrechtlichen Beurteilung zugrunde gelegt wird.[146] Eine besondere praktische Bedeutung hat darüber hinaus auch der in § 4 Nr. 11 UWG normierte Rechtsbruchtatbestand, über den Verstöße gegen andere Vorschriften unter bestimmten Voraussetzungen auch als Verstöße gegen das Wettbewerbsrecht behandelt werden können.

I) Verbraucherleitbild

Die Möglichkeit, dass eine Werbung bei einem Verbraucher eine Täuschung verursacht, hängt entscheidend von den individuellen Kenntnissen, der Auffassungsgabe und der Aufmerksamkeit des Verbrauchers ab.[147] Von grundsätzlicher Bedeutung für die Lauterkeit einer Werbung ist daher die Frage, wie der für eine abstrakte Beurteilung der Irreführungsgefahr maßgebliche Adressatenkreis einer Werbung zu konkretisieren ist. Dieses Verbraucherleitbild hat in den letzten Jahren eine deutliche Wandlung erfahren.[148]

In der Vergangenheit bemühte sich der Bundesgerichtshof im Rahmen des Irreführungstatbestandes um die Feststellung der Wirkung einer Werbung auf die

---

144 *Hefermehl/Köhler/Bornkamm*[24](*-Köhler*) (Fn. 51), § 4 UWG Rn. 2.

145 *Harte-Bavendamm/Henning-Bodewig*(*-Schünemann*), UWG (2004) § 3 UWG Rn. 34, 48.

146 *Harte-Bavendamm/Henning-Bodewig*(*-Schünemann*) (Fn. 145), § 3 UWG Rn. 184, § 5 Rn. 82; *Köhler/Piper*(*-Piper*), UWG[3] (2002), Einführung Rn. 301.

147 *Hefermehl/Köhler/Bornkamm*[24](*-Bornkamm*) (Fn. 51), § 5 UWG Rn. 2.67; *Fezer*(*-Peifer*), UWG, §§ 5-22 UWG (2005), § 5 UWG Rn. 194.

148 *Hefermehl/Köhler/Bornkamm*[24](*-Köhler*) (Fn. 51), § 1 UWG Rn. 24.

realen Adressaten.[149] Dabei ist der Adressatenkreis selten homogen, sondern meist heterogen mit Verbrauchern unterschiedlicher Bildung und Auffassungsgabe besetzt.[150] Da die Täuschung eines nicht unerheblichen Teils des angesprochenen Verkehrs nach der früheren Ansicht des Bundesgerichtshofes für eine Irreführung ausreichte,[151] kam es für die Unlauterkeit einer an ein breites Publikum gerichteten Werbung letztlich auf das Verständnis derjenigen Adressaten an, die die Werbung nur flüchtig und unkritisch betrachteten.[152]

Eine Wandlung hat diese in der Literatur häufig kritisierte Rechtsprechung durch den Europäischen Gerichtshof erfahren, der 1998 entschieden hat, dass es für die Beurteilung der Irreführung nicht auf das Verständnis des tatsächlich angesprochenen Verkehrskreises, sondern auf die Erwartung eines durchschnittlich informierten, aufmerksamen und verständigen Durchschnittsumworbenen ankomme.[153] Der Bundesgerichtshof hat diese Ansicht in den vergangenen Jahren übernommen.[154] Darüber hinaus ist das geänderte Verbraucherleitbild Grundlage des im Jahre 2004 neu gefassten UWG.[155]

Somit ist der von einer Werbung für Online-Auktionen angesprochene Durchschnittsadressat zu bestimmen. Während in der Anfangszeit des Internets möglicherweise vor allem junge, technisch interessierte Computerkenner Online-Angebote genutzt haben, ist die Verbreitung von Online-Versandhäuser und Internetauktionen inzwischen so groß, dass sich der Adressatenkreis nicht mehr grundsätzlich von dem realer Kaufhäuser unterscheidet.[156] Dies wird auch an den Warensortimenten großer Online-Auktionen deutlich, bei denen nicht nur technische Produkte, sondern eine größere Warenvielfalt als bei großen Kaufhäusern

---

[149] BGH 20.3.1981, GRUR 1981, 656, 657 – Schlangenzeichen; 18.10.2001, GRUR 2002, 550, 552 – Elternbriefe.

[150] BGH 12.3.1969, GRUR 1969, 422, 423 – Kaltverzinkung.

[151] BGH 6.4.1997, GRUR 1979, 716, 718 - Kontinent Möbel; 6.6.1980, GRUR 1981, 71, 74 - Lübecker Marzipan; 21.2.1991, GRUR 1992, 66, 68 - Königl.-Bayerische Weisse.

[152] BGH 23.10.1956, GRUR 1957, 128 – Steinhäger; 12.3.1971, GRUR 1971, 313, 316 – Bocksbeutelflasche.

[153] EuGH 16.7.1998 Rs. C-210/96, Slg. 1998, I-4681, 4693 Rn. 37 – Gut Springenheide.

[154] BGH 20.10.1999, GRUR 2000, 619, 621 - Orient-Teppichmuster; 2.10.2003, GRUR 2004, 244, 245 - Marktführerschaft; 13.11.2003, GRUR 2004, 249, 251 - Umgekehrte Versteigerung im Internet; 15.1.2004, GRUR 2004, 435, 436 - FrühlingsgeFlüge; 6.5.2004, WRP 2004, 1024, 1027 - Sportlernahrung II.

[155] Regierungsentwurf eines Gesetzes gegen den unlauteren Wettbewerb (UWG), BT-Drs. 15/1487, 19.

[156] Bereits Ricardo.de besaß eine Markenbekanntheit von 80 Prozent der deutschen Online-Bevölkerung, vgl. *Glänzer/Schäfers* (Fn. 7), 609, 610.

angeboten wird.[157] Dementsprechend hat auch der Bundesgerichtshof festgestellt, dass das Verbraucherleitbild bei Werbung im Internet, die Waren des Bedarfs des allgemeinen Publikums betrifft, dem des Normalverbrauchers entspricht.[158]

II) Voraussetzungen des Rechtsbruchs

Auch ein Verstoß gegen eine Vorschrift außerhalb des UWG kann gemäß §§ 3, 4 Nr. 11 UWG unlauter sein. Die Gewährleistung der Einhaltung spezifischer Vorschriften ist allerdings kein aus dem Ideal der Gesetzestreue folgender Selbstzweck, sondern dient ausschließlich dem Schutz eines chancengleichen und effektiven Wettbewerbs.[159] Im Mittelpunkt der Fallgruppe des Rechtsbruchs steht daher die Frage, wie zwischen den wettbewerbsrelevanten Vorschriften und jenen, deren Nichtbeachtung keine wettbewerbsrechtlichen Folgen provozieren soll, zu differenzieren ist.[160]

1) Aufgabe der Unterscheidung nach Wertebezogenheit

Literatur und Rechtsprechung unterschieden lange Zeit zwischen wertbezogenen und wertneutralen Vorschriften.[161] Während erstere immer Gegenstand des wettbewerbsrechtlichen Fokus waren, sollten die wertneutralen Vorschriften nur dann eine Wettbewerbsrelevanz aufweisen, wenn der jeweilige Verstoß gegen sie bewusst und planmäßig erfolgt war.[162] Ende der neunziger Jahre fanden jedoch vermehrt teleologische Argumente Zugang in die Überlegungen des BGH zur Frage der Wettbewerbsrelevanz einzelner Vorschriften. Vor allem im Bereich des Heilmittelwerbegesetzes und des Arzneimittelgesetzes erkannte der

---

[157] Z.B. bietet eBay neben Büchern, Haushaltswaren, Elektroartikeln, Körperpflegeprodukten und Lebensmitteln auch Reisen, Immobilien und Kraftfahrzeuge an., www.ebay.de vom 15. November 2005; *Marx/Arens*, (Fn. 13), 32.

[158] BGH 16.12.2004, MMR 2005, 309, 310; 7.4.2005, MMR 2005, 531, 532; ebenso: *Schulze*, Internetauktionen aus vertragsrechtlicher und wettbewerbsrechtlicher Sicht (2004), 136; *Kaufmann*, MMR 2005, 533; *Fezer(-Mankowski)* (Fn. 13), § 4-S12 Rn. 9; *Ernst*, in: *Spindler/Wiebe* (Hrsg.), Internet-Auktionen und Elektronische Marktplätze (2005), 31 (3. Kapitel, Rn. 2).

[159] Regierungsentwurf eines Gesetzes gegen den unlauteren Wettbewerb (UWG), BT-Drucks. 15/1487, 15, 16, 19.

[160] *Hefermehl/Köhler/Bornkamm*[24]*(-Köhler)* (Fn. 51), § 4 UWG Rn. 11.1.

[161] *Hefermehl/Köhler/Bornkamm*[24]*(-Köhler)* (Fn. 51), § 4 UWG Rn. 11.2.

[162] BGH 2.5.1991, GRUR 1991, 769, 771 - Honorarfrage.

Bundesgerichtshof wiederholt Widersprüche zwischen einer wettbewerbsrechtlichen Sanktion und dem marktschützenden Zweck des § 1 UWG (a.F.). In der Abgasemissions-Entscheidung nahm der BGH wenig später endgültig Abstand von der früheren Unterteilung.[163] Entscheidend sollte nunmehr sein, dass ein Verstoß gegen die betroffene Norm geeignet ist, dem Wettbewerbsverhalten den Charakter eines gerade in wettbewerbsrechtlicher Hinsicht unlauteren Handelns zu geben.[164] Dies sei der Fall, wenn der verletzten Norm zumindest eine sekundäre wettbewerbsbezogene Schutzfunktion zukommt. Hierzu müsse die Norm zumindest auch die Gegebenheiten eines bestimmten Marktes festlegen und so auch gleiche rechtliche Voraussetzungen für die auf dem Markt tätigen Mitbewerber schaffen. Die am Zweck der jeweiligen Norm orientierte Differenzierung zwischen wettbewerbsrelevanten und wettbewerbsirrelevanten Vorschriften setzte der BGH in seiner weiteren Rechtsprechung fort.[165] Mit dem § 4 Nr. 11 UWG hat der Gesetzgeber nun den neuen Kurs des BGH gesetzlich fixiert.

2) Einzelne Voraussetzungen des § 4 Nr. 11 UWG

Unlauter handelt gemäß § 4 Nr. 11 UWG insbesondere, wer einer gesetzlichen Vorschrift zuwiderhandelt, die auch dazu bestimmt ist, im Interesse der Marktteilnehmer das Marktverhalten zu regeln.

a) Gesetzliche Vorschrift

Als Bezugsnorm des Unlauterkeitsvorwurfs kommen nach dem Wortlaut nur gesetzliche Vorschriften in Betracht. Gesetzliche Vorschriften sind neben den formalen Gesetzen auch Verordnungen und Satzungen, soweit diese Ausfluss einer autonomen hoheitlichen Rechtssetzungskompetenz sind. Gleiches gilt für primäres und sekundäres Gemeinschaftsrecht.[166] Verstöße gegen Vertragspflich-

---

[163] BGH 11.5.2000, GRUR 2000, 1076 - Abgasemission.

[164] BGH 25.4.2002, GRUR 2002, 825, 826 - Elektroarbeiten.

[165] BGH 5.10.2000, GRUR 2001, 354 - Verbandsklage gegen Vielfachabmahner; 11.10.2001, GRUR 2002, 269, 270 - Sportwetten-Genehmigung; 25.4.2002, GRUR 2002, 825 - Elektroarbeiten; 26.9.2002, GRUR 2003, 164 – Altautoverwertung; 15.5.2003, GRUR 2003, 969 - Ausschreibung von Vermessungsleistungen; 3.7.2003, GRUR 2003, 971, 972 - Telefonischer Auskunftsdienst; 4.11.2003, GRUR 2004, 255, 258 - Strom und Telefon I; 4.11.2003, GRUR 2004, 259, 262 - Strom und Telefon II.

[166] Ausländische Normen, Gerichtsentscheidungen, Verwaltungsakte, Verwaltungsrichtlinien oder andere unverbindliche oder nur mittelbar verbindliche Regelwerke sind hingegen

ten, die früher der Fallgruppe des "Vorsprungs durch Rechtsbruch" zugeordnet wurden, werden von § 4 Nr. 11 UWG nicht erfasst.[167]

b) Marktverhalten

Die verletzte Norm muss ein Marktverhalten zum Gegenstand haben. Hierunter ist eine Tätigkeit zu verstehen, die zumindest mittelbar der Förderung des Waren- oder Dienstleistungsaustausches dient.[168] An einem Marktbezug fehlt es, wenn sich die Normen ausschließlich auf ein dem Markt vor- oder nachgelagertes Verhalten beziehen.[169] Dies ist bei Vorgängen ohne Außenwirkung, zum Beispiel der Kündigung von Arbeitnehmern oder Forschungs- und Entwicklungstätigkeiten der Fall.[170] Des Weiteren muss die Norm auch ein Verhalten der Marktteilnehmer im Blick haben. Begrifflich sind damit solche Normen ausgeschlossen, die nicht ein Verhalten, sondern ausschließlich die Möglichkeit zu einem Verhalten, nämlich lediglich den Marktzutritt regeln.[171]

c) Auch im Interesse der Marktteilnehmer

Die Formulierung „auch im Interesse der Marktteilnehmer“ stellt ebenfalls eine Festschreibung der in der jüngeren BGH-Rechtsprechung erfolgten Abgrenzung dar.[172] Wie die Gesetzesmotive zeigen, ist nicht gemeint, dass die jeweilige Regelung final dem Schutz der Interessen der Marktteilnehmer dienen muss. Ausreichend ist vielmehr, dass die betroffene Norm als Nebeneffekt auch die Interessen der anderen Marktteilnehmer im Auge hat. Ausdrücklich wird in den Begründungen auf die Rechtsprechung des Bundesgerichtshofs verwiesen, derzufolge ein Gesetzesverstoß nur dann einen Verstoß gegen § 1 UWG (a.F.)

keine gesetzlichen Vorschriften gemäß § 4 Nr. 11 UWG, *Harte-Bavendamm/Henning-Bodewig(-v. Jagow)* (Fn. 145), § 4 UWG Rn. 39 ff..

[167] Da § 4 Nr. 11 UWG aber nur eine Fallgruppe unlauteren Handelns kennzeichnet und zudem keine Hinweise oder Gründe dafür bestehen, Vertragsbrüche generell einer wettbewerbsrechtlichen Betrachtung zu entziehen, steht dies der Möglichkeit einer Unlauterkeit aus anderen in §§ 3, 4 UWG genannten Gründen nicht entgegen, *Harte-Bavendamm/Henning-Bodewig(-v. Jagow)* (Fn. 145), § 4 UWG Rn. 34.

[168] *Hefermehl/Köhler/Bornkamm*[24]*(-Köhler)* (Fn. 51), § 4 UWG Rn. 11.34; *Harte-Bavendamm/Henning-Bodewig(-v. Jagow)* (Fn. 145), § 4 UWG Rn. 45.

[169] *Harte-Bavendamm/Henning-Bodewig(-v. Jagow)* (Fn. 145), § 4 UWG Rn. 46.

[170] *Fezer(-Götting)* (Fn. 13), § 4 Rn. 51.

[171] *Harte-Bavendamm/Henning-Bodewig(-v. Jagow)* (Fn. 145), § 4 UWG Rn. 46.

[172] Regierungsentwurf eines Gesetzes gegen den unlauteren Wettbewerb (UWG), BT-Drs. 15/1487, 19.

darstellen kann, wenn die verletzte Norm zumindest eine sekundäre wettbewerbsbezogene, d.h. eine dem Normzweck des § 1 UWG (a.F.) entsprechende, auf die Lauterkeit des Wettbewerbs bezogene Schutzfunktion hat.[173] Indizien für eine solche Schutzfunktion sind beispielsweise unmittelbare faktische Auswirkungen auf das Marktgeschehen, die Beziehung der Norm auf einen bestimmten Markt sowie eine ausdrückliche Berücksichtigung der Auswirkungen der Norm auf den Markt im Rahmen der Gesetzgebung.[174]

C) Erheblichkeit

Gemäß § 3 UWG ist eine unlautere Wettbewerbshandlung unzulässig, wenn sie geeignet ist, den Wettbewerb zum Nachteil der Mitbewerber, der Verbraucher oder der sonstigen Marktteilnehmer nicht nur unerheblich zu beeinträchtigen. Die Erheblichkeit folgt nicht bereits aus dem Umstand, dass eine Wettbewerbshandlung unlauter ist, sondern muss jeweils gesondert festgestellt werden.[175] Da den Gesetzesbegründungen zufolge der Zweck des Merkmals lediglich darin liegt, Bagatellfälle auszuschließen,[176] darf die Schwelle der Erheblichkeit allerdings nicht zu hoch angesetzt werden.[177]

Maßgeblich sind sämtliche objektiven und subjektiven Umstände des Einzelfalls.[178] Für die Mitbewerber ist die Unlauterkeit einer Wettbewerbshandlung erheblich, wenn sie zu einem relevanten Wettbewerbsvorsprung des begünstigten Unternehmens führt.[179] Dies hängt wiederum von der Größe des Unternehmens und der Zahl der Mitbewerber auf dem Markt[180] sowie der Art, Schwere, Häufigkeit oder Dauer des Wettbewerbsverstoßes ab. Eine erhebliche Beeinträchtigung des Wettbewerbs kann insbesondere auch bei Verstößen mit

---

[173] BGH 25.4.2002, GRUR 2002, 825; Regierungsentwurf eines Gesetzes gegen den unlauteren Wettbewerb (UWG); Regierungsentwurf eines Gesetzes gegen den unlauteren Wettbewerb (UWG), BT-Drs. 15/1487, 19.

[174] BGH 11.5.2000, GRUR 2000, 1076, 1078.

[175] BGH 29.9.1994, GRUR 1995, 122, 123 - Laienwerbung für Augenoptiker.

[176] Regierungsentwurf eines Gesetzes gegen den unlauteren Wettbewerb (UWG), BT-Drs. 15/1487, 17.

[177] *Fezer(-Fezer)* (Fn. 13), § 3 Rn. 35.

[178] Regierungsentwurf eines Gesetzes gegen den unlauteren Wettbewerb (UWG), BT-Drs. 15/1487, 17.

[179] BGH 25.2.1999, WRP 1999, 845, 846 - Herabgesetzte Schlussverkaufspreise; 20.1.2000, WRP 2000, 1135, 1137 - Ambulanter Schlussverkauf; 5.10.2000 GRUR 2001, 258, 259 – Immobilienpreisangaben.

[180] BGH 7.6.1996, GRUR 1996, 786, 788 - Blumenverkauf an Tankstellen.

nur geringen Auswirkungen für den Marktteilnehmer im Einzelfall vorliegen, wenn durch das Verhalten eine Vielzahl von Marktteilnehmern betroffen ist oder eine nicht unerhebliche Nachahmungsgefahr besteht.[181] Auch wenn geringfügige Wettbewerbsverstöße planmäßig fortgesetzt oder wiederholt werden, kann die Erheblichkeit gegeben sein.[182] Die Erheblichkeit kann aus diesen Gründen nicht generell für einzelne Arten von Wettbewerbsverstößen festgestellt werden, sondern muss für jeden Einzelfall unter Berücksichtigung von subjektiven Merkmalen, der Anzahl der Betroffenen, der Nachahmungsgefahr und der Anzahl der Wiederholungen ermittelt werden.

---

[181] Regierungsentwurf eines Gesetzes gegen den unlauteren Wettbewerb (UWG), BT-Drs. 15/1487, 17.

[182] *Köhler*, GRUR 2005, 1, 5.

4. Teil: Probleme im Zusammenhang mit Aufwärtsauktionen

Kern der wettbewerbsrechtlichen Betrachtung sind die konkreten Verhaltensweisen, die im Rahmen von Online-Auktionen zu Wettbewerbsverstößen führen können. Die Anzahl der im Rahmen von Online-Auktionen möglichen Verstöße ist allerdings ebenso unbegrenzt wie in den klassischen Vertriebswegen. Im Folgenden sollen daher solche Handlungen dargestellt werden, denen entweder aufgrund ihrer Häufigkeit in der Praxis oder ihrer Bedeutung in der theoretischen Diskussion eine besondere Bedeutung zukommt.

In der Darstellung wird zunächst auf die rechtlichen Fragen eingegangen, die das Geschäftsmodell der Online-Aufwärtsauktionen insgesamt und damit auch ihre Nutzung als Vertriebsweg in Frage stellen. Unterteilt nach ihrer thematischen Zugehörigkeit werden anschließend solche Rechtsfragen erörtert, die nicht die grundsätzliche Zulässigkeit der Auktionsplattformen, sondern die konkrete Art der Nutzung durch die Anbieter betreffen.

A) Grundsätzliche Bedenken

Mit der Entstehung des neuen Geschäftsmodells sind Ende der Neunziger Jahre Zweifel an der grundsätzlichen Zulässigkeit von Online-Auktionen aufgekommen. Da diese grundsätzlichen Fragen in erster Linie den Betrieb der Auktionsplattformen betreffen, stellt sich ferner die Frage, unter welchen Voraussetzungen die Nutzung der Plattformen auch den Anbietern vorgehalten werden kann. Grundsätzlich möglich wäre eine Zurechnung über den Tatbestand der Beihilfe[183] oder über die Störerhaftung[184], gemäß § 1004 BGB analog. Die Beantwortung dieser Frage hängt jedoch maßgeblich von subjektiven Kriterien ab, die wiederum die Kenntnis von der Rechtswidrigkeit des Plattformbetriebes berühren.[185] Auf die Zurechnungsfragen ist deshalb nur dann einzugehen, wenn die nachfolgende Untersuchung zum Ergebnis der Unlauterkeit des Geschäftsmodells der Online-Auktionen gelangt.

---

[183] *Harte-Bavendamm/Henning-Bodewig(-Beckedorf)* (Fn. 145), § 8 UWG Rn. 63.
[184] *Harte-Bavendamm/Henning-Bodewig(-Beckedorf)* (Fn. 145), § 8 UWG Rn. 64 ff..
[185] *Fezer(-Büscher)* (Fn. 147), § 8 UWG Rn. 95, 100.

I) Verstoß gegen § 34b GewO

Die im Zusammenhang mit Online-Auktionen am häufigsten diskutierte Frage ist, ob das Geschäftsmodell als Versteigerung im Sinne des § 34b Abs. 1 GewO anzusehen ist.[186] Dies hätte zur Folge, dass die Durchführung von Online-Auktionen nur nach vorheriger gewerberechtlicher Erlaubnis zulässig wäre. Zudem könnten sich aus § 34b Abs. 2-8 GewO und der Versteigererverordnung[187] weitere Beschränkungen ergeben. Nachdem im Folgenden zunächst die wettbewerbsrechtliche Bedeutung eines möglichen Verstoßes gegen § 34b GewO für die Anbieter erläutert wird, wird daher untersucht, ob für die Durchführung von Online-Aufwärtsauktionen eine Erlaubnis nach § 34b Abs.1 GewO erforderlich ist.

1) Wettbewerbsbezug des § 34b GewO

Die Frage, ob die Durchführung von Online-Auktionen ohne gewerberechtliche Erlaubnis gegen § 34b Abs. 1 GewO verstößt, ist für das Wettbewerbsrecht nur dann von Bedeutung, wenn diese Norm den für einen Wettbewerbsverstoß durch Rechtsbruch gemäß § 4 Nr. 11 UWG erforderlichen Wettbewerbsbezug besitzt. § 34b GewO müsste also zumindest auch dazu bestimmt sein, im Interesse der Marktteilnehmer das Marktverhalten zu regeln.

Dagegen spricht der Umstand, dass die gewerberechtliche Erlaubnis die Aufnahme der Tätigkeit insgesamt betrifft. Die Vorschrift regelt in erster Linie nicht ein Marktverhalten, sondern den Zutritt zu einem Markt. Da das Wettbewerbsrecht aber nur vor unlauterem Wettbewerb, nicht aber vor Wettbewerb insgesamt schützen soll, verstößt die Missachtung von Marktzutrittsregelungen grundsätzlich nicht gegen § 4 Nr. 11 UWG.[188] Etwas anderes gilt aber, wenn eine Marktzutrittsregelung letztlich dazu dient, die spätere Einhaltung von bestimmten Verhaltensregeln zu gewährleisten.[189] Dies ist insbesondere bei der im Gewerberecht häufigen Zuverlässigkeitsprognose der Fall. Auch § 34b Abs. 1 GewO dient letztlich dazu, solche Personen vom Versteigerergewerbe fernzuhalten, bei denen aufgrund einer vermuteten Unzuverlässigkeit die Gefahr

---

[186] *Ernst*, in: *Spindler/Wiebe* (Hrsg.), Internet-Auktionen und Elektronische Marktplätze (2005), 12 (2. Kapitel, Rn. 3).

[187] Verordnung über gewerbsmäßige Versteigerungen (Versteigererverordnung - VerstV) vom 24. April 2003, BGBl. 2003 I 547.

[188] *Harte-Bavendamm/Henning-Bodewig*(-*v. Jagow*) (Fn. 145), § 4 UWG Rn. 46.

[189] Vgl. BGH 25.4.2002, GRUR 2002, 825, 826 - Elektroarbeiten; *Köhler* GRUR 2001, 777, 781; *Ullmann*, GRUR 2003, 817, 824

besteht, dass sie die Position als Auktionator zum Nachteil der Auktionsteilnehmer für sich ausnutzen.[190] Die Vorschrift besitzt daher eine Doppelfunktion und stellt trotz ihres zutrittsbeschränkenden Charakters eine Marktverhaltensregelung dar. Die Regelung erfolgt darüber hinaus auch im Interesse der Marktteilnehmer. § 34b GewO dient in erster Linie dem Schutz der Verbraucher vor Übervorteilung durch ein übermäßiges Ausnutzen der spielerischen Situation durch den Versteigerer.[191] Zudem hat die Vorschrift auch den Schutz klassischer Absatzmärkte im Blick. Dies zeigt § 34b Abs. 6 Nr. 5b GewO, der die Versteigerung ungebrauchter oder zum Verbrauch bestimmter Waren verbietet, die zugleich in offenen Verkaufsstellen angeboten werden.[192] Der Wettbewerbsbezug der Vorschrift ist also gegeben.

2) Qualifikation als Versteigerung i. S. d. § 34b GewO

Maßgeblich für die Geltung der Erlaubnispflicht aus § 34b Abs. 1 GewO ist die Frage, ob eine Online-Auktion eine Versteigerung im Sinne der Gewerbeordnung darstellt.

Da das Gesetz den Begriff der Versteigerung nicht konkretisiert, hängt die Antwort davon ab, welche notwendigen Merkmale eine Versteigerung im gewerbeordnungsrechtlichen Sinn besitzen muss. Nach der herkömmlichen Definition heißt Versteigern, innerhalb einer zeitlich und örtlich begrenzten Veranstaltung eine Mehrzahl von Personen aufzufordern, eine Sache oder ein Recht in der Weise zu erwerben, dass diese Personen im gegenseitigen Wettbewerb, ausgehend von einem Mindestgebot, Vertragsangebote in Form des Überbietens dem Versteigerer gegenüber abgeben, der das höchste Gebot im eigenen oder fremden Namen annimmt.[193] Es handelt sich beim Versteigern also um eine Tätigkeit, die sich auf die Herbeiführung eines Vertragsschlusses richtet, die jedoch im Unterschied zu einem „normalen“ Vertragsabschluss das Vorhandensein einer Mehrheit von Personen erfordert, die im gegenseitigen Wettbewerb und durch gegenseitiges Überbieten einen bestimmten Gegenstand

---

190 *Tettinger/Wank*[7](*-Tettinger*) (Fn. 74), § 34b GewO Rn. 1.

191 KG 11.5.2001, MMR 2001, 765 ff.; BVerwG 27.01.1998, NVwZ 1998, 425.

192 *Tettinger/Wank*[7](*-Tettinger*) (Fn. 74), § 34b GewO Rn. 50.

193 OLG Oldenburg 5.2.1990, GewArch 1990, 171; *Schalhorn.*, DB 1972, 2453; *Landmann/Rohmer*[46](*-Bleutge*) (Fn. 76), § 34b GewO Rn. 6a; *Günther*, Das Gesetz über das Versteigerungsgewerbe (1935) 46; *Fackler/Konermann*, Praxis des Versteigerungsrechts (1991) 10; *Marx/Arens* (Fn. 13), § 34b Rn. 16.

oder ein bestimmtes Recht erwerben sollen.[194] Im Folgenden wird untersucht, ob die einzelnen Merkmale auch vor dem Hintergrund der Online-Auktionen Gültigkeit besitzen[195] und gegebenenfalls erfüllt werden.

a) Aufforderung einer Mehrzahl von Personen

Die Aufforderung einer Mehrzahl von Personen ist eine zwingende Voraussetzung einer Auktion.[196] Ohne die Einbindung mehrerer potentieller Vertragsparteien wäre ein Bieterwettbewerb nicht möglich. Online-Auktionen richten sich an alle Besucher des virtuellen Auktionshauses und damit an eine im Vergleich zu klassischen Auktionen überaus große Gruppe potentieller Bieter. Das Merkmal liegt also vor.

b) Im gegenseitigen Wettbewerb

Von grundlegender Bedeutung für eine Versteigerung ist auch das Vorliegen eines gegenseitigen Wettbewerbes zwischen den Bietern.[197] Dieser ist immer dann gegeben, wenn sich mehrere Auktionsteilnehmer als Vertragspartner des Anbieters gerieren, der Vertragsschluss jedoch nur mit einem oder einem Teil der Bieter möglich ist.[198] Sobald auf ein Angebot in einer Online-Auktion mehr als ein Gebot erfolgt, besteht zwischen den Bietern der gegenseitige Wettbewerb, auf ihr Angebot den Zuschlag zu erhalten. Auch dieses Merkmal trifft auf Online-Auktionen zu.

c) Ausgehend von einem Mindestgebot

Unproblematisch ist auch das Vorliegen eines Ausgangsgebotes. Die gängigen Auktionsplattformen verlangen von den Anbietern bei der Erstellung eines Angebotes, einen Startpreis anzugeben, mit dem die Versteigerung beginnt. Dies

---

[194] OLG Oldenburg GewArch 1990, 171; *Landmann/Rohmer(-Bleutge)* (Fn. 76), § 34b GewO Rn. 6a; *Tettinger/Wank*[7]*(-Tettinger)* (Fn. 74), § 34b GewO Rn. 3; *Günther* (Fn. 193), 46; *Fackler/Konermann* (Fn. 193) 10; *Marx/Arens* (Fn. 13), § 34b RdNr. 16.

[195] *Hösch*, GewArch 2002, 257, 261.

[196] *Landmann/Rohmer(-Bleutge)* (Fn. 76), § 34b GewO Rn. 6a; *Tettinger/Wank*[7]*(-Tettinger)* (Fn. 74), § 34b GewO Rn. 3.

[197] *Landmann/Rohmer(-Bleutge)* (Fn. 76), § 34b GewO Rn. 6a; *Tettinger/Wank*[7]*(-Tettinger)* (Fn. 74), § 34b GewO Rn. 3; *Fezer(-Mankowski)* (Fn. 13), § 4-S12 Rn. 207.

[198] Zu den Ausnahmen: *Marx/Arens* (Fn. 13), § 34b GewO Rn.20.

gilt auch dann, wenn, wie bei Online-Auktionen häufig, ein Startpreis von nur einem Euro festgelegt wird. Zwar unterscheidet sich ein solches Angebot in wirtschaftlicher Hinsicht nicht von einem Angebot ohne ein Mindestgebot. Dies kann bei wertvolleren Angeboten dazu führen, dass die ersten Gebote sich lediglich am Wert des Angebots, nicht aber an der Höhe der Gegengebote orientieren. Diese anfängliche Schwierigkeit, die konkurrierenden Angebote zu prognostizieren, wird aber behoben, sobald die Angebote der Bieter einen annähernd realistischeren Bereich erreichen. Da insbesondere Online-Auktionen durch ihre im Vergleich zu klassischen Versteigerungen längeren Laufzeiten eine intensive Entwicklung der Gebote begünstigen, ist das Entstehen einer echten Wettbewerbssituation bei Online-Auktionen auch dann wahrscheinlich, wenn ein Startpreis von nur einem Euro angegeben wird.

d) Fristverlängerung nach Gebotsabgabe

Bei der klassischen Auktion wird entsprechend der Voraussetzung aus § 7 VerstV ein Zuschlag erst dann erteilt, wenn nach dreimaligem Aufruf kein Übergebot abgegeben wird. Dies ist auch bei einigen Online-Auktionen der Fall, die die Laufzeit der Versteigerung verlängern, wenn kurz vor Zeitablauf noch ein Gebot abgegeben wird.[199]

Bei den meisten der derzeit etablierten Auktionsplattformen wird die Laufzeit aber von den Geboten nicht beeinflusst, so dass der Zuschlag automatisch mit Ablauf der Versteigerungsfrist erfolgt.[200] Dieses System hat der Marktführer e-Bay so verinnerlicht, dass es zum unternehmenskennzeichnenden Slogan verdichtet wurde.[201] Diesen Unterschied zwischen den Arten der Versteigerungen verwendet das Kammergericht als Argument dafür, dass die Online-Auktion keine Versteigerung im Sinne des § 34b GewO sein könne.[202] Schließlich führe die Funktionsweise der Online-Auktionen lediglich zu einem zufälligen Zuschlag zugunsten des im Moment des Zeitablaufs höchsten Gebots, ohne in einem offenen Bieterwettbewerb potentiell höhere Gebote ermitteln zu können.[203]

---

[199] Oben 2. Teil E) II) 2).
[200] Oben 2. Teil E) II) 2).
[201] „3, 2, 1 – meins".
[202] LG Berlin 11.5.2001, MMR 2001, 764, 765.
[203] LG Berlin 11.5.2001, MMR 2001, 764, 765.

Mit dieser Argumentation stellt das Kammergericht jedoch das Verhältnis von Voraussetzungen und Rechtsfolgen des gewerbeordnungsrechtlichen Versteigerungsrechts auf den Kopf. Die Pflicht, die Zuschlagsfrist nach Abgabe eines Übergebotes zu verlängern, folgt aus § 7 VerstV. Würde aber ein Verstoß gegen diese Pflicht zugleich bedeuten, dass die durchgeführte Auktion keine Versteigerung im Sinne des § 34b GewO und der VerstV wäre, würde die Pflicht ohnehin nicht gelten. Es wäre somit unmöglich, gegen diese Pflicht zu verstoßen. Die Widersprüchlichkeit belegt im Gegenteil, dass der Verordnungsgeber gerade davon ausging, dass auch solche Auktionen, die keine Verlängerung der Zuschlagsfrist im Sinne des § 7 VerstV vorsehen, Versteigerungen im Sinne des Gewerbeordnungsrechts sind.

Ferner entspricht diese Form der Zuschlagserteilung auch dem Normzweck. Zwar sind die Bieter der Online-Auktion bei Fristablauf nicht den Aufforderungen des Auktionators ausgesetzt, jedoch entsteht durch den drohenden, nicht zu beeinflussenden Zeitablauf ein erheblicher Entscheidungsdruck und somit die Gefahr unsachgemäßer Entscheidungen. Abgesehen davon wäre es auch sachlich verfehlt, bei einem festen Auktionsende von einem zufälligen Zuschlag zu sprechen. Zufällig wäre er dann, wenn die Bieter keinen Einfluss auf die Zuschlagserteilung hätten. Dies ist aber offenkundig nicht der Fall. Die Bieter wissen, dass der bei Zeitablauf Höchstbietende den Zuschlag erhält. Der Umstand, dass die Laufzeit von Online-Auktionen durch die Abgabe später Gebote nicht beeinflusst wird, steht einer Qualifikation als Versteigerung gemäß § 34b GewO nicht entgegen.

e) Leitung durch einen Versteigerer

Die herkömmliche Versteigerungsdefinition geht von der Leitung durch einen Auktionator aus.[204] Gerade in diesem Punkt unterscheiden sich die Online-Auktionen, die weitgehend automatisiert ablaufen und nicht persönlich von einem Auktionator gesteuert werden, zumindest auf den ersten Blick von der klassischen Versteigerung. Dennoch hält ein Großteil der in der Literatur vertretenen Auffassungen das Fehlen der Person des Versteigerers in gewerbeordnungsrechtlicher Hinsicht für unproblematisch.[205] Unter anderem wird die

---

204 Marx/Arens² (Fn. 13), Rn. 16; *Landmann/Rohmer(-Bleutge)* (Fn. 76), § 34b GewO Rn. 6, 6a.

205 *Huppertz*, MMR 2000, 65, 67; *Krugmann*, NVwZ 2001, 651, 652; *Ernst*, in: *Spindler/Wiebe* (Hrsg.), Internet-Auktionen und Elektronische Marktplätze (2005), 17, 18 (2. Kapitel, Rn. 16, 17).

Ansicht vertreten, die persönliche Leitung durch einen Versteigerer sei kein notwendiges Merkmal des Versteigerungsbegriffes, da die Versteigerungsabläufe auch von einer Software gesteuert werden können.[206] Richtig ist, dass nicht normierte Merkmale, die auf einem klassischen Versteigerungsbild beruhen, nicht die alleinige Grundlage für die Subsumtion neuartiger Geschäftsmodelle unter den Versteigerungsbegriff bilden können. Deshalb muss vor Hintergrund des Gesetzeszwecks untersucht werden, ob die Mitwirkung eines Auktionators wirklich eine notwendige Voraussetzung des gewerberechtlichen Versteigerungsbegriffes ist und ob diese auch bei Online-Auktionen in einem hinreichenden Umfang erfüllt wird.

Gemäß § 34b Abs. 4 S. 1, 2 GewO ist die personengebundene Erlaubnis zur Durchführung von Versteigerungen zu versagen, wenn die persönliche Zuverlässigkeit des Antragstellers nicht vorliegt oder er in ungeordneten Vermögensverhältnissen lebt. Beantragt eine juristische Person die Erlaubnis, müssen diese Anforderungen von allen vertretungsberechtigten Personen erfüllt werden.[207] Hierdurch wird deutlich, dass der Gesetzgeber einen erheblichen persönlichen Einfluss des Auktionators als notwendigen Bestandteil der Versteigerung unterstellt hat. Dieser persönliche Einfluss des Auktionators ist bei der klassischen Auktion auch offensichtlich. Der Auktionator präsentiert nicht nur die zu versteigernden Waren und lädt die Bieter ein, sondern hat im Rahmen der von ihm ausgeübten Leitung der Auktion auch die Möglichkeit, die Bieter direkt anzusprechen und zur Abgabe höherer Gebote aufzufordern. Da jeder Bieter die Auktion über die Person des Versteigerers wahrnimmt, sind dessen Möglichkeiten psychologischer und sachlicher Einflussnahme erheblich.

Demgegenüber werden bei der Online-Auktion die meisten Aufgaben des klassischen Auktionators, nämlich die Aufforderung zur Abgabe von Geboten, deren Entgegennahme und schließlich die Annahme des höchsten Gebots im eigenen oder fremden Namen, von der Software der Auktionsportals erfüllt. Dennoch findet zumindest auf zwei Ebenen eine Beteiligung natürlicher Personen statt. Während der Betreiber des jeweiligen Auktionsportals das Auktionsgeschehen über die Plattformsoftware mittelbar beeinflusst, sind die Anbieter der einzelnen Auktionen durch die Gestaltung der Artikelbeschreibung unmittelbar an den einzelnen Versteigerungen beteiligt. Fraglich ist aber, ob die Beteiligung einer dieser Personengruppen mit der Rolle des Auktionators in der klassischen Versteigerung vergleichbar ist.

---

[206] *Ernst*, CR 2000, 304, 306.

[207] *Landmann/Rohmer(-Bleutge)* (Fn. 76), § 34b GewO Rn. 20.

aa) Anbieter als Versteigerer

Die Mitwirkung der Anbieter an den Auktionen ist auf die Erstellung der Artikelbeschreibungen begrenzt. Da sie diese Aufgabe innerhalb der vom Auktionsportal zugelassenen Möglichkeiten alleine verantworten, übernehmen sie zwar eine klassische Aufgabe des Auktionators. Jedoch unterscheidet sich diese Mitwirkung nicht von der Erstellung einer klassischen Verkaufsanzeige und besitzt daher keinen hinreichenden Bezug zur Versteigerertätigkeit. Zudem haben die Anbieter nach der Veröffentlichung ihres Angebotes keine Möglichkeit, auf den Ablauf der Auktion oder die Umstände des Vertragsschlusses einzuwirken. Die meisten Anbieter können darüber hinaus schon deshalb nicht dem gewerbeordnungsrechtlichen Versteigererbegriff zugeordnet werden, weil grundsätzlich nur die Versteigerung fremden Eigentums erlaubnispflichtig ist. Diese Voraussetzung erfüllen aber lediglich Kommissionshändler.[208] Eine Ausnahme von der Erlaubnisfreiheit für die Versteigerung eigener Waren macht § 34b Abs. 7 GewO für solche Einzelhändler und Hersteller, die die angebotenen Waren zusätzlich auch auf anderen Vertriebswegen anbieten. Dies trifft jedoch nur auf einen kleinen Teil der Anbieter zu. Die Anbieter sind daher nicht Versteigerer im Sinne des § 34b Abs. 1 GewO.[209]

bb) Plattformbetreiber als Versteigerer

Indem er die Auktionsportale erstellt und vermarktet, die Versteigerungsabläufe bestimmt und in entsprechende Softwareprozeduren überführt, besitzt am ehesten der Betreiber der Auktionsplattform eine dem klassischen Versteigerer vergleichbare, übergeordnete Position. Im Mittelpunkt der Diskussion um das Erfordernis einer gewerberechtlichen Erlaubnis steht daher auch stets der Plattformbetreiber als potentieller Träger der Erlaubnis. [210]

Sein Einfluss auf die an der Auktion beteiligten Anbieter, Interessenten und Bieter erfolgt ausschließlich über die Software des Auktionsportals. Hierdurch sind die Möglichkeiten einer individuellen Einwirkung des Betreibers auf die Interessenten erheblich eingeschränkt. Da der Informationsaustausch von Seiten des Betreibers vollständig automatisiert abläuft, fehlt dem Verhältnis zu den Auktionsteilnehmern jede soziale Komponente. Anders als der klassische Verstei-

---

208 Oben 2. Teil B) III).

209 *Schulze* (Fn. 158), 118; a.A. *Wilmer*, NJW-CoR 2000, 94, 102.

210 Vgl. LG Hamburg 14.4.1999, MMR 1999, 678, 680; OLG Hamm 14.12.2000, MMR 2001, 105, 109.

gerer, der den Wettbewerb zwischen den Bietern, die zudem der Beobachtung der übrigen Anwesenden ausgesetzt sind, durch gezieltes Ansprechen ausnutzen kann, hat der Plattformbetreiber keine Möglichkeit, situationsgebundene Unsicherheiten des Interessenten zu erkennen und auszunutzen.

Aber auch im Hinblick auf die auktionstypische Gefahr, die Preissteigerung durch Scheingebote zu beeinflussen, ist die gewerberechtliche Erlaubnispflicht weder notwendig noch sinnvoll. Zum einen ist eine Manipulation durch den Plattformbetreiber in den meisten Fällen ausgeschlossen, weil die Angebote von Dritten stammen, denen gegenüber die Scheinangebote rechtsverbindlich wären. Zum anderen gewährleistet die Kontrolle des Plattformbetreibers nicht, dass in eben diesen Fällen eine Preistreiberei durch die Anbieter selbst initiiert wird. Anderen Manipulationsmöglichkeiten fehlt im Übrigen jeder Bezug zum Geschäftsmodell der Versteigerungen. Auch die Beteiligung des Plattformbetreibers ist vor dem Hintergrund des Schutzzweckes von § 34b Abs. 1 GewO somit nicht mit der des klassischen Auktionators zu vergleichen.

cc) Zwischenergebnis

Das Fehlen der Leitung durch einen Versteigerer bei Online-Auktionen spricht also gegen eine Qualifikation als Versteigerung.[211]

f) Örtliche Begrenzung

Ein weiteres Merkmal der klassischen Versteigerung ist ihre Durchführung innerhalb einer örtlichen Begrenzung.[212] Welche Bedeutung dieses Merkmal in Bezug auf Online-Versteigerungen besitzt, gehört zu den umstrittensten Fragen im Zusammenhang mit der gewerberechtlichen Erlaubnispflicht von Internet-Auktionen.

---

[211] I.E. ebenso *Marx/Arens*² (Fn. 13), 34 (§ 34b GewO Rn. 34), 458; auch Bundesratsmaterialien 147-03 zum Gesetz zur Änderung der Vorschriften über Fernabsatzverträge bei Finanzdienstleistungen, vgl. Fn. 459, stützen ihre Erwägungen, dass Online-Auktionen nicht in den Gewerbebegriff aufgenommen werden sollen, auf die fehlende Einbindung des Auktionators in die Versteigerungsprozedur.

[212] *Landmann/Rohmer(-Bleutge)* (Fn. 76), § 34b GewO Rn. 6a.

aa) Bisherige Diskussion

Bereits 1996, also einige Jahre vor dem Bekanntwerden der ersten Online-Auktionen in Deutschland lehnte der Bund-Länder-Ausschuss „Gewerberecht" die Anwendbarkeit des § 34b GewO auf Online-Auktionen unter anderem deshalb ab, weil Online-Auktionen die für eine Versteigerung erforderliche örtliche Begrenztheit fehle.[213] Ohne diese Begrenzung sei aber der für Auktionen typische Mechanismus von Aktion und Reaktion der Bieter nicht möglich. Deshalb seien Internet-Auktionen gewerbeordnungsrechtlich lediglich als Verkäufe gegen Höchstgebot zu werten.[214] 1999 bekräftigte der Gewerberechtsausschuss diese Auffassung und wies darauf hin, dass die örtliche Begrenztheit eine maßgebliche Tatbestandsvoraussetzung des Versteigerungsbegriffes in der Gewerbeordnung darstellen würde.[215] Auch das Kammergericht sieht in der örtlichen Begrenztheit ein notwendiges Kriterium einer Versteigerung im Sinne der Gewerbeordnung.[216] Da diese im Internet nicht gegeben sei, fehle es an den erforderlichen augenblicks- und situationsbedingten Entschlüssen; der virtuelle Raum sei nicht geeignet, einen vergleichbaren situativen psychologischen Druck zu erzeugen.[217] Wegen des Zeitaufwandes und der Telefongebühren sei es auch lebensfremd zu glauben, dass die Bieter die Auktion vollständig verfolgen würden.[218] Deshalb seien die Gefahren des Hochschaukelns der Angebote und der Zeitdruck bei Online-Versteigerungen nur abgeschwächt gegeben.[219]

Demgegenüber hält das Landgericht Hamburg[220] vor dem Hintergrund des Zweckes des § 34b GewO eine örtliche Begrenzung bei Online-Auktionen nicht für erforderlich. Dieser liege nämlich darin, vor den Gefahren der auktionstypischen augenblicks- und situationsbedingten Gebote zu schützen.[221] Voraussetzung für das Vorliegen dieser Gefahren sei aber lediglich, dass der Bieter das Ende der Versteigerung und die konkurrierenden Gebote kennt.[222] Während bei klassi-

---

213 *Fuchs/Demmer*, GewArch 1997, 60, 63.
214 *Fuchs/Demmer*, GewArch 1997, 69, 63.
215 *Schönleiter*, GewArch 2000, 49.
216 KG 11.5.2001, MMR 2001, 765, 766.
217 KG 11.5.2001, MMR 2001, 765, 766.
218 KG 11.5.2001, MMR 2001, 765.
219 KG 11.5.2001, MMR 2001, 765; auch *Vehlslage*, MMR 1999, 680, 681.
220 LG Hamburg 14.4.1999 MMR 1999, 678, 679.
221 LG Hamburg 14.4.1999 MMR 1999, 678, 679 unter Bezugnahme auf BGH 20.10.1982 NJW 1983, 1186, 1187.
222 LG Hamburg 14.04.1999 MMR 1999, 678, 679; *Schulze* (Fn. 158), 113.

schen Auktionen hierfür eine örtliche Begrenzung erforderlich wäre,[223] sei es im virtuellen Raum des Internets jederzeit möglich, das aktuelle Höchstgebot abzufragen, so dass auch hier der Wechsel von Aktion und Reaktion zu erwarten sei.[224]

Auch der überwiegende Teil der Literatur hält die örtliche Begrenztheit der Versteigerung für ein funktionales Kriterium, das auch im virtuellen Raum des Internets erfüllt sei.[225] Andere betrachten das Merkmal der örtlichen Begrenztheit als dadurch erfüllt, dass die Angebotsseiten örtlich zuzuordnen sind.[226] Damit nämlich seien die Online-Auktionen Versteigerungen per Brief, Fax und Telefon vergleichbar. Zwar seien die Bieter üblicherweise nicht während der gesamten Verkaufsdauer anwesend, jedoch könne auch bei herkömmlichen Versteigerungen nicht ausgeschlossen werden, dass ein Bieter den Raum verlässt.[227]

bb) Stellungnahme

Eine grammatikalische Betrachtung des Wortes Versteigerung hilft bei der Beantwortung der Frage, ob diese eine örtliche Begrenzung erfordert, nicht weiter. Das Wort Versteigerung wird umgangssprachlich auch auf Verkaufsveranstaltungen im Internet und damit ungeachtet einer örtlichen Begrenzung angewendet.[228] Auch die Gesetzesgeschichte enthält keinen Hinweis auf die Notwendigkeit einer örtlichen Begrenzung. Weder im Rahmen der Einfügung des § 34b in die Gewerbeordnung,[229] noch in den Begründungen des vorangegangenen Gesetzes über das Versteigerergewerbe von 1934[230] finden sich Hinweise darauf, dass sich der Gesetzgeber mit dem Versteigerungsbegriff näher auseinandergesetzt hat.[231] Somit ist die Frage der Erforderlichkeit einer örtlichen

---

[223] LG Hamburg 14.04.1999 MMR 1999, 678, 679 unter Bezugnahme auf *Schalhorn*, DB 1972, 2453.

[224] LG Hamburg 14.04.1999 MMR 1999, 678, 679.

[225] *Mankowski*, EWiR § 34b GewO 1/99, 699 f.; *ders.*, EWiR § 34b GewO 1/01, 1053 f.; *Huppertz*, MMR 2000, 65 ff.; *Husmann* VR 2000, 231; *Heckmann*, NJW 2000, 1370, 1374; *Schrader*, MMR 2001,767; *Beckmann*, Versteigerungen im Internet (2004), 48, 49; *Ernst*, in: *Spindler/Wiebe*, Internet-Auktionen und Elektronische Marktplätze (2005), 1. Kapitel, Rn. 9.

[226] *Gaul*, WM 2000, 1783, 1786.

[227] *Gaul*, WM 2000, 1783, 1786.

[228] *Hefermehl/Köhler/Bornkamm*[24](*-Köhler*) (Fn. 51), § 4 UWG Rn. 1.200.

[229] Gesetz zur Änderung der Gewerbeordnung v. 5.2.1960, BGBl. 1960 I 61.

[230] Gesetz über das Versteigerergewerbe vom 16. Oktober 1934, RGBl. 1934, I, 974, mit Berichtigung vom 12.11.1934, RGBl. 1934, I, 1111, 1112.

[231] *Klinger*, DVBl 2002, 810, 813.

Begrenzung anhand des Gesetzeszwecks zu bestimmen. § 34b GewO dient in erster Linie dem Schutz der Bieter vor Übervorteilung durch eine übermäßige Ausnutzung der spielerischen Situation durch den Auktionator.[232] Das für Versteigerungen typische Bietergefecht, das von augenblicks- und situationsbedingten Entscheidungen geprägt ist,[233] macht Auktionen gegenüber anderen Geschäftsmodellen besonders sensibel, weshalb die vorherige Überprüfung der Zuverlässigkeit des Versteigerers angemessen ist. Dieser Gesetzeszweck wird insbesondere in § 34b Abs. 4 GewO deutlich, wonach eine Versteigerungserlaubnis bei Unzuverlässigkeit oder ungeordneten Vermögensverhältnissen des Versteigerers zu entziehen ist. Daneben tritt der von § 34b Abs. 6 Nr. 5b und Abs. 7 GewO bezweckte Schutz der regulären Absatzwege der Waren durch den Einzelhandel in den Hintergrund.[234] Die Frage ist also, ob diese geschützten Interessen auch außerhalb örtlich begrenzter Auktionen gefährdet sind.

Der wesentliche mit dem Fehlen der örtlichen Begrenztheit verbundene Unterschied zur klassischen Versteigerung besteht darin, dass die verschiedenen Bieter und der Versteigerer nicht gemeinsam und persönlich an einem Ort versammelt sind. Dies steht aber dem versteigerungstypischen Bietergefecht und den damit verbundenen augenblicks- und situationsbedingten Entscheidungen nicht grundsätzlich entgegen. Notwendige Voraussetzung für ein Bietergefecht ist lediglich, dass die Bieter von den Gegengeboten unmittelbar Kenntnis erhalten.[235] Dies ist bei Online-Auktionen unproblematisch, da die Gebote in Echtzeit auf der Auktionsplattfom von allen Interessenten mitverfolgt werden können. Im Zeitalter von Flatrates und DSL-Anschlüssen stellen weder die Online-Kosten noch belegte Telefonanschlüsse ein Hindernis dar, die Entwicklung der Versteigerung jedenfalls in den entscheidenden letzen Minuten mitzuverfolgen. Anders wäre die typische exponentielle Preisentwicklung in den letzten Minuten einer Auktion nicht zu erklären. Darüber hinaus informieren die Auktionsplattformen die Bieter unmittelbar per eMail, sobald sie von anderen überboten worden sind. Im Prinzip ist das versteigerungstypische Bietergefecht bei Online-Auktionen daher ebenso möglich wie bei der klassischen Versteigerung.

Das Fehlen der persönlichen Anwesenheit der Bieter wirkt sich jedoch auf andere Weise aus. Ein wesentlicher Reiz klassischer Auktionsveranstaltungen liegt darin, die von einem Bietergefecht ausgehende Spannung unmittelbar mitzuer-

---

[232] KG 11.5.2001 MMR 2001, 765 ff.; BVerwG 27.01.1998 NVwZ 1998, 425 ff. (425).
[233] KG 11.5.2001 MMR 2001, 765.
[234] BVerwG 27.01.1998 NVwZ 1998, 425 ff. (425); *Klinger* DVBl 2002, 81.
[235] LG Hamburg 14.4.1999, MMR 1999, 678, 679.

leben. Umgekehrt bedeutet dies aber, dass das Verhalten eines Bieters von den übrigen Besuchern beobachtet wird und diese somit dem Druck der Öffentlichkeit ausgesetzt sind. Demgegenüber besitzen Online-Auktionen aufgrund des Fehlens der persönlichen Anwesenheit diese soziale Komponente nicht. Aufgrund der unbestimmten Menge möglicher Auktionsteilnehmer ist es darüber hinaus unwahrscheinlich, dass sich die Teilnehmer überhaupt kennen. Wenn darüber hinaus die auf allen gängigen Auktionsplattformen übliche Möglichkeit genutzt wird, unter einem Pseudonym zu agieren, besteht schließlich auch theoretisch keine Chance mehr, dass ein Bieter mit seinem Auktionsverhalten persönlich in Verbindung gebracht wird. Dem Bieter ist es daher egal, ob er vor den anderen Teilnehmern als Sieger der Auktion dasteht, sein Ehrgeiz ist ausschließlich auf den Erwerb der angebotenen Leistung oder Ware gerichtet. Die Gefahr eines psychischen Drucks zum Überbieten und das damit einhergehende Risiko sachfremder Kaufentscheidungen fallen bei Online-Auktionen somit deutlich geringer aus als bei klassischen Versteigerungen.

In diesem Zusammenhang wird darauf verwiesen, dass der Gesetzgeber in § 34b Abs. 6 Nr. 3 GewO ausdrücklich die Möglichkeit schriftlicher Gebote anerkennt, so dass die körperliche Anwesenheit der Bieter kein wesentliches Merkmal des gewerbeordnungsrechtlichen Versteigerungsbegriffes darstellen könne.[236] Jedoch handelt es bei dieser Regelung um eine enge Ausnahme des für den Versteigerer geltenden Verbots, sich an der Auktion, sei es auch nur für jemand anderes, zu beteiligen. Aufgrund des Ausnahmecharakters kann die Vorschrift nicht zur Begründung eines allgemeinen versteigerungsrechtlichen Grundsatzes herangezogen werden. Darüber hinaus ist die in § 34b Abs. 6 Nr. 3 GewO getroffene Regelung auch nicht mit der Situation der Online-Auktionen vergleichbar, da die Gebotsabgabe im Internet vollständig virtuell und nicht in Stellvertretung durch den persönlich anwesenden Auktionator erfolgt.

cc) Zwischenergebnis

Auch ohne eine örtliche Begrenzung der Versteigerung ist es prinzipiell möglich, dass es zwischen den Bietern zu einem Wettbewerb kommt, der den Spielraum sachlicher Entscheidungen einschränkt. Aufgrund ihrer Anonymität fällt bei Online-Versteigerungen aber jede soziale Verbindung zu den Mitbietern und Beobachtern der Auktion weg, so dass die Gefahr unsachlicher Motive deutlich geringer ausfällt als bei der klassischen Versteigerung. Da der Zweck der Erlaubnispflicht in § 34b Abs. 1 GewO gerade in der Verhinderung eines Aus-

---

[236] *Gaul* WM 2000, 1783, 1787; *Hösch*, GewArch 2002, 257, 261.

nutzens dieser unsachlichen Motive durch den Versteigerer besteht, spricht das Fehlen der örtlichen Begrenztheit eher gegen eine Anwendung der Vorschrift auf Online-Auktionen.

g) Zeitliche Begrenzung

Nach der klassischen Definition ist ferner eine zeitliche Begrenzung der Versteigerung erforderlich. Ob Online-Auktionen dieses Merkmal erfüllen, ist ebenfalls umstritten. Der Bund-Länder-Ausschuss „Gewerberecht" verneinte das Vorliegen einer zeitlichen Begrenzung, da bei einer Auktion über mehrere Tage oder Wochen der auktionstypische Wechsel von Aktion und Reaktion ausgeschlossen wäre.[237] Nach Auffassung des Kammergerichtes liegt deshalb keine zeitliche Begrenzung der Versteigerung vor, weil die Vertriebsform der Online-Auktion als Dauerveranstaltung angelegt sei.[238] Auch eine Betrachtung der einzelnen Verkäufe führe zu keinem anderen Ergebnis, da diese typischerweise so lang bemessen seien, dass die Gefahr unsachlicher und auf äußerem Entscheidungsdruck beruhender Gebote stark abgeschwächt sei.[239] Demgegenüber sieht das Landgericht Hamburg in dem Erfordernis einer zeitlichen Begrenzung ebenso wie in dem der örtlichen Begrenzung lediglich ein funktionales Kriterium, das eine Situation beschreibt, in der mehrere Bieter in Kenntnis des bevorstehenden Endes einer Versteigerung und in Kenntnis des konkurrierenden Gebotes die Möglichkeit haben, die Versteigerung durch ein eigenes Gebot für sich zu entscheiden.[240] Hierfür reiche auch eine längere zeitliche Frist aus, so dass das Merkmal der zeitlichen Begrenzung bei Online-Auktionen in der Regel erfüllt sei.[241] Dieser Ansicht sind Teile der Literatur gefolgt.[242] Jedenfalls gegen Ende der Auktion unterscheide sich der mit dem Merkmal der zeitlichen Begrenztheit verbundene Zeitdruck bei einer Online-Auktion nicht von dem einer klassischen Versteigerung.[243]

Festzustellen ist zunächst, dass es bei der Betrachtung der zeitlichen Befristung irrelevant ist, dass das Auktionsportal selbst als dauerhafte Einrichtung konzi-

[237] *Fuchs/Demmer* GewArch 1997, 60, 63.
[238] KG 11.5.2001 MMR 2001, 764, 765.
[239] KG 11.5.2001 MMR 2001, 764, 765 f..
[240] LG Hamburg 14.4.1999 MMR 1999, 678, 679.
[241] LG Hamburg 14.4.1999 MMR 1999, 678, 679.
[242] *Huppertz* MMR 2000, 65, 66; *Husmann* VR 2000, 230, 231; a.A. *Marx/Arens*^{2} (Fn. 13), 34.
[243] *Mankowski*, EWiR § 34b GewO 1/01 1053 f.; *Fezer(-Mankowski)* (Fn. 13), § 4-S12 Rn. 208.

piert ist. Dies ist bei den klassischen Auktionshäusern ebenfalls der Fall, zudem berührt dieser Umstand weder die Funktionsweise der einzelnen Versteigerung, noch den Entscheidungsdruck der Bieter. Soweit die zeitliche Befristung zudem als Voraussetzung des Versteigerungssystems angesehen wird, ist ihr Vorliegen auch bei einer längerfristigen Veranstaltung offensichtlich. Auch bei einer Auktionsdauer von mehreren Wochen besteht zwischen den Bietern ein Wechsel von Aktion und Reaktion, der mit dem nahenden Auktionsende an Dynamik gewinnt.

Der wesentliche zeitliche Unterschied zwischen einer klassischen und einer Online-Auktion liegt in umgekehrter Richtung: anders als klassische Versteigerungen besitzen Online-Auktionen feste Laufzeiten. Das Merkmal der zeitlichen Begrenzung ist bei Online-Auktionen also viel deutlicher erfüllt als bei der klassischen Auktion. Gerade aufgrund dieser klaren zeitlichen Begrenzung ist die Gefahr unsachlicher Spontangebote aber geringer als bei der klassischen Auktion. Die Auktionsdauer von in der Regel mehreren Tage oder Wochen gibt den Bietern die Möglichkeit, die Gebotsentscheidung zu überdenken und sich gegebenenfalls und unter Zuhilfenahme externer Informationsquellen über den Wert der angebotenen Ware oder Leistung zu informieren.[244] Während die zeitliche Begrenzung bei Online-Auktionen also keinen Bieterwettbewerb verhindert, begünstigt die feste Laufzeit die Möglichkeiten der Bieter, sich eine objektive Grundlage für eine sachliche Gebotsentscheidung zu verschaffen.

Das Merkmal der zeitlichen Begrenzung ist bei Online-Auktionen also gegeben. Aufgrund der festen Endzeit ist die Gefahr von Spontangeboten, denen keine sachliche Entscheidung der Bieter vorausgegangen ist, aber geringer als bei klassischen Versteigerungen.

3) Zusammenfassung

Die Ähnlichkeiten zwischen klassischen Versteigerungen und Online-Auktionen sind erheblich. Das für Versteigerungen charakteristische Merkmal einer Preisbildung über das gegenseitige Steigern der Gebote durch eine Gruppe von Interessenten ist bei beiden Absatzformen gleichermaßen gegeben. Die fehlende örtliche Begrenzung der Online-Auktionen führt jedoch zu einer gegenüber der klassischen Auktion geringeren Gefahr unsachlicher Motive der Bieter. Durch die festen Laufzeiten wird diese Gefahr noch weiter verringert, da die Bieter

---

[244] So auch *Marx/Arens* (Fn. 13), 34.

hierdurch genügend Zeit haben, sich über den Wert des Angebots zu informieren und ihre Gebotsentscheidungen in Ruhe überdenken können. Vor dem Hintergrund, dass § 34 Abs.1 GewO den Ausschluss unzuverlässiger Auktionatoren bezweckt, ist aber der Umstand maßgeblich, dass Langzeit-Online-Auktionen ohne die Beteiligung eines Versteigerers durchgeführt werden. Trotz der Ähnlichkeiten der Versteigerungsformen ist das im Zusammenhang mit der gewerberechtlichen Erlaubnispflicht relevante Gefährdungspotential der Online-Auktionen deutlich geringer als das der klassischen Auktionen. Die Auktionsarten sind daher nicht vergleichbar. Für den Betrieb der Auktionsplattform ist deshalb keine Erlaubnis gemäß § 34b Abs. 1 GewO erforderlich.

II) Unangemessener unsachlicher Einfluss (§§ 3, 4 Nr. 1 UWG)

Das Anbieten von Waren oder Dienstleistungen über Online-Auktionen wäre unter Umständen wettbewerbswidrig, wenn das Geschäftsmodell der Online-Auktionen selbst in unzulässiger Weise die Entscheidungsfreiheit der Verbraucher beeinträchtigt, gemäß §§ 3, 4 Nr. 1 UWG.

Eine solche Beeinträchtigung kann als unangemessene unsachliche Beeinflussung von spielerischen Reizen ausgehen, die so stark auf die Käufer einwirken, dass Kaufentscheidungen nicht mehr nach sachlichen Gesichtspunkten, sondern maßgeblich von dem Streben nach der in Aussicht gestellten Gewinnchance bestimmt werden,[245] der Umworbene somit gleichsam magnetisch angezogen wird und es unterlässt, sich mit den Angeboten der Mitbewerber zu befassen.[246]

Aleatorische Reize sind ein wesentlicher Grund für den Erfolg von Auktionen innerhalb und außerhalb des Internets. Da Versteigerungen aber in § 34b GewO, der VerstV und in § 156 BGB Gegenstand gesetzlicher Regelungen sind, steht außer Frage, dass jedenfalls die diesen Regelungen ursprünglich zugrunde liegende klassische Auktion keinen generellen wettbewerbsrechtlichen Bedenken begegnet.[247] Somit bewegt sich auch der von klassischen Auktionen ausgehende aleatorische Reiz unterhalb der Schwelle einer unangemessenen unsachlichen Beeinflussung. Dies muss erst Recht für die über einen längeren Zeitraum lau-

---

[245] BGH 29.6.1989, WRP 1989, 799, 800 - McBacon; 5.2.1998, WRP 1998, 724 (725) - Rubbelaktion; 17.2.2000, GRUR 820, 821 - Space Fidelity Peep-Show; 13.3.2003, GRUR 2003, 626, 627 - Umgekehrte Versteigerung II; 13.11.2003, GRUR 2004, 249, 250 - Umgekehrte Versteigerung im Internet.

[246] BGH 26.3.1998, GRUR 1998, 1037 - Schmuck-Set; BGH 8.10.1998, GRUR 1999, 261, 263 - Handy-Endpreis; 8.10.1998, WRP 1999, 517, 518 - Am Telefon nicht süß sein?.

[247] *Hefermehl/Köhler/Bornkamm*[24]*(-Köhler)* (Fn. 51), § 4 UWG Rn. 1.198.

fenden Aufwärtsauktionen im Internet gelten, da von ihnen ein deutlich geringerer spielerischer Reiz ausgeht. Zum einen steht der Bieter aufgrund seiner Anonymität, die ihm die Virtualität der Online-Auktionen ermöglicht, unter einem deutlich geringeren psychischen Druck als der Teilnehmer an einer klassischen Auktion.[248] Zum anderen gibt der Umstand, dass der Zeitpunkt des Auktionsendes fest steht, dem Bieter die Chance, sich in aller Ruhe über den Wert des Angebotes zu informieren.[249] Diese Chance besteht bei klassischen Auktionen nur, wenn die Waren vorher über einen Versteigerungsprospekt oder auf ähnliche Art und Weise den Bietern mitgeteilt worden sind.

Der von Online-Auktionen ausgehende spielerische Reiz stellt also keine unangemessene unsachliche Beeinflussung der Bieter dar und führt daher nicht zur Unlauterkeit gemäß §§ 3, 4 Nr. 1 UWG.

B) Artikelbeschreibung

Die Erstellung und Gestaltung der Artikelbeschreibung stellt die wichtigste und neben der Festlegung des Startpreises in der Regel auch einzige Beteiligung der Anbieter am Versteigerungsprozess dar. Da die Beschreibung auch für die angesprochenen Verbraucher den maßgeblichen Teil des Versteigerungsangebotes bildet, steht sie zudem im besonderen Maße im Fokus der wettbewerbsrechtlichen Betrachtung. Die Unlauterkeit kann einerseits darauf beruhen, dass die Artikelbeschreibung bestimmte Informationen nicht enthält, zu deren Angabe professionelle Anbieter in Online-Auktionen verpflichtet sind. Auf der anderen Seite kann gerade die Verwendung bestimmter Angaben, Kennzeichen oder Inhalte einen Wettbewerbsverstoß begründen.

I) Allgemeine gesetzliche Informationspflichten

Vorschriften, die den Unternehmer zur Erteilung bestimmter Informationen verpflichten, befinden sich in unterschiedlichen Regelungszusammenhängen. Neben den jüngeren §§ 312c, 312e BGB und § 6 TDG sollen auch handelsrechtliche Vorschriften und die Preisangabenverordnung (PAngV) eine hinreichende Information der angesprochenen Kreise gewährleisten. Dabei bestehen zwischen den einzelnen Vorschriften teilweise erhebliche Überschneidungen.

---

[248] Oben 4. Teil A) I) 2) f).
[249] KG 11.5.2001, MMR 2001, 764, 765.

1) Anbieterkennzeichnungpflicht gemäß § 6 TDG

§ 6 TDG verpflichtet Diensteanbieter, für geschäftsmäßige Teledienste bestimmte Informationen über sich bereitzuhalten. Die Nichtbeachtung dieser Pflicht durch die Anbieter könnte als Rechtsbruch gemäß §§ 3, 4 Nr. 11 UWG gegen das Wettbewerbsrecht verstoßen. Voraussetzung für die Unlauterkeit ist neben dem Wettbewerbsbezug von § 6 TDG, dass die Anbieter Diensteanbieter im Sinne des Teledienstegesetzes darstellen.

a) Wettbewerbsbezug

Früher war umstritten, ob es sich bei § 6 TDG um eine wertebezogene Norm handelt.[250] Spätestens seit der Neufassung des UWG ist der Wettbewerbsbezug der Vorschrift aber allgemein anerkannt.[251] Die Gesetzesmaterialien nennen den Verbraucherschutz ausdrücklich als Ziel der Vorschrift.[252] Sie soll für den Nutzer ein Mindestmaß an Transparenz und Information über die natürliche oder juristische Person oder Personengruppe, die ihm einen Teledienst anbietet, sicherstellen. § 6 TDG regelt das Marktverhalten daher maßgeblich auch im Interesse der Verbraucher.[253]

b) Geltung der Kennzeichnungspflicht

Fraglich ist allerdings, ob auch Auktionsanbieter Diensteanbieter im Sinne des Teledienstgesetzes sind.[254] Gemäß § 3 S. 1 Nr. 1 TDG handelt es sich bei Diensteanbietern um natürliche oder juristische Personen, die eigene oder frem-

[250] Dafür: LG Berlin 17.9.2002, MMR 2003, 202, 203; LG Frankfurt 28.3.2003, GRUR-RR 347, 348; dagegen: OLG Hamm 3.9.2002, MMR 2003, 410, 411; *Schulte/Schulte*, NJW 2003, 2140, 2142; *Ernst*, GRUR 2003, 759, 760.

[251] *Harte-Bavendamm/Henning-Bodewig(-v. Jagow)* (Fn. 145), § 4 UWG Rn. 128; *Hefermehl/Köhler/Bornkamm*[24]*(-Köhler)* (Fn. 51), § 4 UWG Rn. 11.169.

[252] Regierungsentwurf eines Gesetzes zur Regelung der Rahmenbedingungen für Informations- und Kommunikationsdienste (Informations- und Kommunikationsdienste-Gesetz – IuKDG), BR-Drucks. 966/96, 23 Zu § 6 TDG-E.

[253] LG Frankfurt GRUR-RR 2003, 347, 348; *Harte-Bavendamm/Henning-Bodewig(-v. Jagow)* (Fn. 145), § 4 UWG Rn. 128; ähnlich *Fezer(-Hoeren)* (Fn. 147), § 4-S13 Rn. 72, der nach der Bedeutung der einzelnen Informationen differenziert; zum insoweit vergleichbaren § 312e BGB: OLG Frankfurt 17.4.2001, MMR 2001, 529, 530.

[254] Grds. dafür: *Fezer(-Hoeren)* (Fn. 147), § 4-S13 Rn. 24 f., der aber § 6 TDG bei vielen Auktionsangeboten aufgrund ihres kurzlebigen Charakters für unanwendbar hält.

de Teledienste zur Nutzung bereithalten oder den Zugang zur Nutzung vermittelt.

aa) Bereithalten eines eigenen Teledienstes

Eine Möglichkeit dafür, die Anbieter in Online-Auktionen als Diensteanbieter anzusehen, wäre, dass die Anbieter mit ihrer Verkaufsanzeige auf der Auktionsplattform einen eigenen Teledienst bereithalten.

(1) Eigener Teledienst

Festzustellen ist also, ob die Angebote Teledienste darstellen. Hierbei handelt es sich gemäß § 2 Abs. 1 TDG um elektronische Informations- und Kommunikationsdienste, die für eine individuelle Nutzung von kombinierbaren Daten wie Zeichen, Bildern oder Tönen bestimmt sind und denen eine Übermittlung mittels Telekommunikation zugrunde liegt.

Dem Landgericht Braunschweig zufolge stellt auch eine einzelne Auktionsannonce einen Teledienst dar.[255] Das Gericht ist der Ansicht, dass es sich bei den Auktionsannoncen um Angebote von Waren in elektronisch abrufbaren Datenbanken mit interaktivem Zugriff und unmittelbarer Bestellmöglichkeit handeln würde, gemäß § 2 Abs. 2 Nr. 5 TDG.[256] Auch die Landgerichte Memmingen und Berlin sehen in den einzelnen Auktionsartikeln Teledienste im Sinne des § 2 TDG,[257] jedoch ohne diesen Punkt näher zu begründen.

Die Auffassung wäre nur dann zutreffend, wenn § 2 TDG auch Inhalte, die keine Interaktivität besitzen, erfassen würde.[258] Das Angebot, das in dem von einer Auktionsplattform vorgegebenen Rahmen veröffentlicht wird, beinhaltet lediglich die für die Entscheidung der Gebotsabgabe erforderlichen Angaben zu Leistung, Beschaffenheit und Preis des Angebots. Hierbei handelt es sich um bloße Informationen, die keine Möglichkeit einer individuellen Nutzung kombinierbarer Daten bieten.

---

[255] LG Braunschweig, 14.4.2004, BeckRS 2004, 09088.

[256] LG Braunschweig, 14.4.2004, BeckRS 2004, 09088.

[257] LG Memmingen 23.6.2004, MMR 2004, 769, 771; LG Berlin 14.7.2004, WRP 2004, 1198.

[258] So *Stickelbrock*, GRUR 2004, 111, 112, die aber zumindest eine die Möglichkeit der Kontaktaufnahme per eMail für die Qualifikation als Teledienst für notwendig hält, vgl. dort Fn. 13.

Aus der Systematik des Teledienstegesetzes wird deutlich, dass der Gesetzgeber klar zwischen bloßen Informationen auf der einen Seite und Telediensten auf der anderen Seite unterscheiden wollte. Die §§ 8 ff. TDG differenzieren ausdrücklich zwischen eigenen und fremden Informationen. Das Maß der Verantwortlichkeit der Diensteanbieter für die von ihnen angebotenen Informationen hängt demnach davon ab, ob es sich um eigene oder fremde Informationen handelt. Zugleich fasst die Definition in § 3 Abs. 1 TDG das Bereithalten fremder und eigener Teledienste als das Anbieten eines Dienstes zusammen. Wenn aber der Begriff Teledienst gleichbedeutend mit dem Begriff Informationen sein sollte, wäre es überflüssig, das Angebot fremder und eigener Dienste zunächst zusammenzufassen (§ 3 TDG) und anschließend wieder zwischen ihnen zu differenzieren (§§ 8 ff. TDG).

Dieses Verständnis wird auch in der Begründung des Gesetzesentwurfes deutlich. Danach sind die Informations- und Kommunikationsdienste nicht nur von den möglichen Anwendungen im Sinne eines individuellen Umgangs mit digitalisierten Informationen geprägt,[259] vielmehr setzen sie die Übermittlung von Inhalten voraus. [260] Somit ging auch der Gesetzgeber davon aus, dass Informations- und Kommunikationsdienste und Inhalte, bzw. Teledienste und Informationen jeweils unterschiedliche Bedeutungen haben.

Darüber hinaus liegt auch der E-Commerce-Richtlinie, der die Neufassung des TDG gerecht werden sollte, eine deutliche Unterscheidung zwischen Telediensten und Informationen zugrunde. Gemäß Art. 2 b) der E-Commerce-Richtlinie sind Diensteanbieter diejenigen, die „Dienste der Kommunikationsgesellschaft" anbieten. Dieses sind gemäß Art.2 a) die in der RL 98/34 EG in der Fassung der RL 98/48 EG unter Art.1 genannten „Dienste", nämlich „jede in der Regel gegen Entgelt elektronisch im Fernabsatz und auf individuellen Abruf eines Empfängers erbrachte Dienstleistung".

Aus diesen Gründen können bloße Inhalte, die dem Nutzer keine Interaktivität anbieten, keine Teledienste darstellen.

[259] Regierungsentwurf eines Gesetzes zur Regelung der Rahmenbedingungen für Informations- und Kommunikationsdienste (Informations- und Kommunikationsdienste-Gesetz – IuKDG), BR-Drucks. 966/96, 19.

[260] Regierungsentwurf eines Gesetzes zur Regelung der Rahmenbedingungen für Informations- und Kommunikationsdienste (Informations- und Kommunikationsdienste-Gesetz – IuKDG), BR-Drucks. 966/96, 19.

(2) Zwischenergebnis

Die Bereitstellung einer Auktionsannonce auf einer Auktionsplattform ist daher nicht als Bereitstellen eines eigenen Teledienstes gemäß § 3 Abs. 1 TDG zu qualifizieren.

bb) Bereithalten eines fremden Teledienstes

Denkbar wäre es aber auch, dass die Anbieter über ihre Verkaufsanzeige nicht nur die Beschreibung des eigenen Angebots, sondern auch die von dem Betreiber erstellte Auktionsplattform bereithalten. Dies wäre möglicherweise als Bereithalten eines fremden Teledienstes zu qualifizieren.

(1) Fremder Teledienst

Voraussetzung dafür ist, dass Auktionsportale Teledienste im Sinne des Teledienstegesetzes sind.

(a) Informationsdienste

Vertreten wird die Ansicht, Online-Verkaufsportale, zu denen auch Online-Auktionen zu zählen sind, würden stets unter das Regelbeispiel des § 2 Abs. 2 Nr. 2 TDG fallen.[261] Danach gehörten insbesondere Angebote zur Verbreitung von Informationen über Waren und Dienstleistungsangebote zu den Telediensten.[262] Der Vergleich mit dem unter Nr. 5 genannten Regelbeispiel der Datenbanken mit interaktivem Zugriff und unmittelbarer Bestellmöglichkeit zeigt aber, dass der Schwerpunkt dieses Regelbeispiels in der Informationsverbreitung und nicht im Handel liegt.[263] Derartige Produktinformationsdienste waren bei Inkrafttreten des Gesetzes verbreitet und bekannt und sind dies noch immer. Da Online-Auktionen aber weniger der Vermittlung von Produktinformationen als vielmehr dem unmittelbaren Handel dienen, erfüllen sie nicht die Merkmale dieses Regelbeispiels.

---

[261] *Hoenike/Hülsdunk*, MMR 2002, 415, 416.
[262] *Hoenike/Hülsdunk*, MMR 2002, 415, 416.
[263] Vgl. Regierungsentwurf eines Gesetzes zur Regelung der Rahmenbedingungen für Informations- und Kommunikationsdienste (Informations- und Kommunikationsdienste-Gesetz – IuKDG), BR-Drucks. 966/96, 20.

(b) Elektronische Verkaufsportale

Die Zuordnung als Teledienst könnte sich aber aus dem unter Nr. 5 genannten Regelbeispiel ergeben. Danach handelt es sich insbesondere bei Angeboten von Waren und Dienstleistungen in elektronisch abrufbaren Datenbanken mit interaktivem Zugriff und unmittelbarer Bestellmöglichkeit um Teledienste. Internet-Auktionshäuser stellen elektronisch abrufbare Datenbanken dar, die über einen interaktiven Zugriff dem Nutzer bestimmte Waren- oder Dienstleistungsangebote präsentieren. Da die Gebote in der Regel erst nach Ablauf der Auktionszeit zu einem Vertragsschluss führen, ist allein das Bestehen einer unmittelbaren Bestellmöglichkeit zweifelhaft. Unter Berücksichtigung der Ähnlichkeit der unter Nr. 2 genannten Angebote zur Verbreitung von Informationen über Waren und Dienstleistungsangeboten, bei denen Links auf die Verkaufsseiten von Online-Händlern üblich sind,[264] ist die Unmittelbarkeit als Merkmal einer direkt von dem gegenständlichen Teledienst eröffneten Erwerbsmöglichkeit zu verstehen. Auf die zeitliche Unmittelbarkeit kommt es hingegen nicht an. Da bei Online-Auktionen auf den Seiten des Auktionsportals Gebote abgegeben werden können, die im Erfolgsfall als Bestellung wirken, ist das Merkmal der Unmittelbarkeit erfüllt. Somit stellt eine Online-Auktionsplattform einen Teledienst dar.

(2) Bereithalten

Dieser Teledienst müsste zumindest auch durch den einzelnen Auktionsanbieter bereitgehalten werden. Obwohl der Begriff des Bereithaltens im Teledienstegesetz eine zentrale Rolle einnimmt - er wird nicht nur in § 3, sondern auch in § 5 (a.F.) bzw. §§ 8 ff. (n. F.) im Zusammenhang mit der Bereitstellung von Informationen bzw. Inhalten verwendet - enthalten weder das Gesetz, noch dessen Materialien[265] eine Begriffsdefinition. In der Literatur wird zum einen die Frage diskutiert, ob sich das Bereithalten auf die dem Teledienst zugrunde liegende Technik oder aber auf die Inhalte des Dienstes bezieht. Zum anderen besteht darin Uneinigkeit, ob auch ein virtueller Besitz von Speicherkapazitäten auf fremden Rechnern genügt.

---

[264] Z.B. www.dooyoo.de; www.preis. de.

[265] BR DrS 966,96 (Entwurf); BR DrS 136,01 (Begründung).

(a) Gegenständliches oder inhaltliches Verständnis

Nach einer Ansicht erfüllt nur das Abspeichern der dem Teledienst zugrunde liegenden Software auf einem eigenen Server das Merkmal des Bereithaltens.[266] Diese Auslegung würde vor allem aus § 5 Abs. 3 S. 2 TDG (a. F.) folgen, wonach nämlich auch das kurzzeitige Speichern von Informationen unter bestimmten Umständen als Zugangsvermittlung gilt.[267] Danach sei insbesondere das Speichern von eigenen Beiträgen auf fremden Servern kein Bereithalten im Sinne des Teledienstegesetzes.[268] Demgegenüber halten andere bereits ein Bereithalten aufgrund einer lediglich inhaltlichen Verbindung mit dem Teledienst für möglich.[269] Insbesondere sei auch das Herstellen der jeweiligen Inhalte ein Bereithalten.[270] Dieses inhaltliche Verständnis des Merkmals ergebe sich aus § 5 Abs. 1 TDG (a.F.), der die Verantwortung des Autors regeln und ihn dabei als Anbieter bezeichnen würde.[271]

Eine lediglich inhaltliche Verbindung mit einem Teledienst oder einer Information kann jedoch kein Bereithalten im Sinne des Teledienstegesetzes darstellen. Zweck des Teledienstegesetzes ist es, eine angemessene rechtliche Antwort auf die mit den Telediensten und ihrer Übertragung in dezentralen Netzwerken verbundenen Besonderheiten zu finden.[272] Diese bestehen zum einen darin, dass die Inhalte aufgrund der Digitalisierung nicht unmittelbar wahrnehmbar sind, zum anderen bedingen die Prinzipien des Datentransportes automatisierte Zwischenspeicherungen der Daten auf Servern, ohne dass deren Betreiber die zwischengespeicherten Inhalte selbst auswählen können. Die Besonderheiten führen also zu einer eng begrenzten Kenntnis derjenigen Personen, die die Inhalte auf einer Hardware speichern. Demgegenüber wird die Kenntnis derjenigen Personen, die die Inhalte hergestellt oder ausgewählt haben, von den technischen Neuerungen nicht berührt. Das Teledienstegesetz hat also nicht den Hersteller, Urheber oder Autoren im Blick, sondern diejenigen, die bewusst oder unbewusst eine tatsächliche Sachherrschaft über die Teledienste und die durch sie vermittelten Informationen haben. Das Teledienstegesetz regelt deshalb eine differenzierte Haftung des Zustandsstörers, während sich die Haftung der Hand-

---

[266] *Koch*, CR 1997, 193, 195; *Pichler*, MMR 1998, 79, 87.
[267] *Pichler*, MMR 1998, 79.
[268] *Pichler*, MMR 1998, 79.
[269] *von Bonin/Köster*, ZUM 1997, 821, 822.
[270] *von Bonin/Köster*, ZUM 1997, 821, 822.
[271] *von Bonin/Köster*, ZUM 1997, 821, 822.
[272] Regierungsentwurf eines Gesetzes zur Regelung der Rahmenbedingungen für Informations- und Kommunikationsdienste (Informations- und Kommunikationsdienste-Gesetz - IuKDG), BT-Drucks. 13/1385, 20 Zu § 5 Abs. 3 TDG-E.

lungsstörer unverändert nach den übrigen rechtlichen Standards richten soll. Das hieraus folgende gegenständliche Verständnis des „Bereithaltens“ wird darüber hinaus auch aus dem Wortbestandteil „Halten“ deutlich, wonach es auf eine zumindest besitzähnliche Stellung des Anbieters ankommt. Diese liegt beispielsweise bei dem Autor einer Software nicht mehr notwendigerweise vor. Die Gleichstellung fremder und eigener Teledienste in § 3 Abs. 1 TDG zeigt zusätzlich, dass das Bereitstellungmerkmal eine von der Frage der Urheberschaft unabhängige Voraussetzung darstellt.

Da aus diesen Gründen eine inhaltliche Bezugnahme auf fremde Inhalte kein Bereithalten im Sinne des TDG bedeuten kann, kommt es also auf das Zurverfügungstellen im technischen Sinne an.[273]

(b) Realer oder virtueller Besitz

Offen ist das Merkmal des – technisch verstandenen - Bereithaltens auch in der Frage, ob ein realer Besitz der Hardware erforderlich ist. Die vom Teledienstegesetz angestrebte angemessene Antwort auf die Besonderheiten dezentraler Netzwerke kann jedoch nicht dadurch erreicht werden, dass das Bereitstellen auf das Eigentum oder den unmittelbaren Besitz an der Serverhardware reduziert wird.[274] Diese enge Auslegung würde die Besonderheit von Computernetzwerken, aufgrund derer der Gebrauch der Hardware von dem Besitz der Hardware vollkommen unabhängig ist, ignorieren. So ist es technisch ohne Probleme möglich, dass jeder, der sich als Nutzer in einem Netzwerk bewegt, die Serverhardware dazu nutzt, eigene Inhalte auf ihnen abzuspeichern. Umgekehrt bedeutet der Besitz der Serverhardware in keiner Weise, dass der Besitzer auch die Speicherung der auf dem Server befindlichen Software veranlasst hat. Es ist also nicht der tatsächliche Besitz, der die für die Frage der rechtlichen Verantwortlichkeit erforderliche Verknüpfung zwischen Telediensten bzw. Inhalten und deren Anbieter begründet.

Ebenso wenig kann es aber auf die rechtliche Dispositionsbefugnis ankommen.[275] Die Zuordnung eines Teledienstes zu einem Anbieter und damit verbundene Verantwortlichkeit kann gerade dann nicht ausgeschlossen sein,

---

[273] *Waldenberger*, MMR 1998, 124, 128; *Rossnagel(-Waldenberger)*, Recht der Multimediadienste – Kommentar (2005) § 3 TDG Rn. 23.
[274] *Pichler* MMR 1998, 79.
[275] *Waldenberger*, MMR 1998, 124, 128.

wenn der Anbieter den Teledienst nicht auf einem bestimmten Server hätte abspeichern dürfen.

Das für die Frage der Zuordnung eines Teledienstes zu einem Anbieter entscheidende Kriterium liegt folglich allein in der tatsächlichen Möglichkeit der Einflussnahme auf den Dienst.[276] Der den Dienst bereithaltende Anbieter ist also jeder, der die dem Dienst zugrunde liegenden Daten ohne weiteres beeinflussen kann.[277] Hierfür kommt es nicht auf den sachlichen Besitz der Serverhardware an, sondern auf eine softwareabhängige Zugriffsmöglichkeit. Danach genügt es für den Begriff des Bereithaltens, Inhalte auf einem Speicherplatz abzulegen, der einem von dem Betreiber eines Servers zur Verfügung gestellt worden ist. Unabhängig von der Frage ihrer Einordnung als Teledienst, fallen somit auch Beiträge in Newsgroups, Flohmärkten und anderen Datenbanken unter dieses Merkmal.

(c) Bereithalten durch die Anbieter

Der Anbieter würde also einen Teledienst bereithalten, wenn er die Möglichkeit der unmittelbaren Einflussnahme auf den Teledienst besäße. Dies wäre der Fall, wenn er auf den Speicher, auf dem der Teledienst gespeichert ist, zugreifen könnte. Im Rahmen von Online-Auktionen wird dem einzelnen Anbieter vom Betreiber des Auktionsportals notwendigerweise die Möglichkeit gegeben, eine eigene Beschreibung seines Angebotes zu erstellen und über die Betreiberdatenbank zu veröffentlichen. Somit hat er lediglich die Möglichkeit, auf seine Verkaufsbeschreibung zuzugreifen, nicht jedoch auf den interaktiven Teil des Versteigerungsangebotes.[278] Wie oben bereits erläutert, stellt der ausschließlich beschreibende Teil mangels Interaktionsmöglichkeit für sich genommen keinen Teledienst dar. Darüber hinaus besteht bei einigen Auktionsportalen auch in Bezug auf die Artikelbeschreibung nur anfänglich eine volle Zugriffsmöglichkeit. Sobald erste Gebote abgegeben worden sind, kann der Auktionsbetreiber die Artikelbeschreibung allenfalls noch um zusätzliche Angaben ergänzen.[279] Also hat der Auktionsbetreiber nicht die für das Merkmal des Bereithaltens erforderliche Möglichkeit, auf den Teledienst zuzugreifen.

---

[276] *Sieber*, MMR 1999, 2, 17.

[277] *Sieber*, Verantwortlichkeit im Internet (1999) 160; *Roßnagel(-Waldenberger)*, Recht der Multimedia-Dienste: Kommentar zum IuKDG und zum MDStV (2005), § 3 TDG Rn. 23.

[278] Hingegen wird die Beschreibung als eigener Inhalt zu qualifizieren sein, vgl. *Spindler*, MMR 2001, 737, 738.

[279] Z.B. zu den Möglichkeiten einer nachträglichen Änderung der Artikelbeschreibung bei eBay: http://pages. ebay.de/help/sell/edit_listing.html (18.11.2005).

(3) Zwischenergebnis

Ein Auktionsanbieter hält daher keinen fremden Teledienst bereit, gemäß § 3 Abs. 1 TDG.

cc) Zugang zur Nutzung vermitteln

Schließlich bleibt noch die Möglichkeit, dass die Auktionsanbieter über ihre Verkaufsanzeige den Zugang zur Nutzung der Auktionsplattform nutzen. Denkbar wäre dies nur, wenn die Zugangsvermittlung gemäß § 3 Abs. 1 TDG auch in einer rein inhaltlichen Vermittlung liegen kann. Die Befürworter einer solchen Auslegung des Merkmals begründen diese damit, dass sich die Zugangvermittlung in § 5 Abs. 3 TDG (a.F.) nicht auf Netze, sondern auf konkrete Inhalte bezog und daher eine über die technische Vermittlung hinausgehende Dimension haben müsse.[280] Somit müssten auch Suchmaschinen, Hyperlinks und ähnliche inhaltliche Verknüpfungen genügen. Nach dieser Ansicht wäre eine Zugangsvermittlung durch die Auktionsanbieter jedenfalls möglich. Jedoch ist auch im Rahmen der Zugangsvermittlung ein technisches Normverständnis zugrunde zu legen. Indiz hierfür ist die Regelung in § 9 Abs. 2 TDG, die die automatische und kurzzeitige Speicherung der Zugangsvermittlung zuordnet. Diese Fiktion macht nur bei einem technischen Verständnis des Zugangsvermittelns Sinn.[281] Bestätigung findet diese Annahme auch in den Gesetzesbegründungen, denen zufolge die Nichtverantwortlichkeit der Anbieter gegeben sein soll, wenn sie „fremde Inhalte lediglich (...) zum abrufenden Nutzer durchleiten".[282] Unter Anwendung eines technischen Wortverständnisses ist offensichtlich, dass weder der einzelne Auktionsanbieter, noch der Betreiber eines Auktionsportals den Zugang zu einem Teledienst vermitteln.

c) Ergebnis

Der einzelne Anbieter einer Auktionsannonce ist nicht Diensteanbieter im Sinne des § 6 Abs. 1 TDG. Somit finden die im Teledienstegesetz normierten Angabepflichten keine Anwendung auf die Auktionsanbieter.

---

[280] *Koch*, CR 1997, 193, 200.

[281] *Sieber*, MMR 1999, 2, 17.

[282] Regierungsentwurf eines Gesetzes zur Regelung der Rahmenbedingungen für Informations- und Kommunikationsdienste (Informations- und Kommunikationsdienste-Gesetz - IuKDG), BT-Drucks. 13/1385, 20 Zu § 5 Abs. 3 TDG-E.

2) Pflicht zur Endpreisangabe gemäß § 1 Abs. 1 PAngV

Die Preisangabenverordnung verpflichtet jeden, der gewerbs-, geschäfts- oder regelmäßig in sonstiger Weise Waren oder Leistungen anbietet, bestimmte Standards einzuhalten, die die Klarheit und Vergleichbarkeit der Preise verschiedener Angebote fördern.[283] Allerdings sind Angebote an Unternehmer (B2B) gemäß § 9 Abs.1 Nr.1 PAngV hiervon ausgenommen. Unklar ist allerdings, ob die Nichtbeachtung dieser Standards einen Verstoß gegen das UWG darstellt. Ebenso ist zu klären, ob die Vorschrift überhaupt auf Online-Auktionen Anwendung findet und welche konkreten Anforderungen sie gegebenenfalls an Angebote in Online-Auktionen stellt.

a) Wettbewerbsbezug

Auch als Verordnung stellt die Norm eine gesetzliche Vorschrift im Sinne des § 4 Nr. 11 UWG dar.[284] Ihre Auswirkung auf das Marktverhalten der Normadressaten ist offensichtlich, da sie explizit ein bestimmtes Verhalten vorschreibt.[285] Für eine Ausrichtung auf das Interesse der Marktteilnehmer genügt eine sekundäre wettbewerbsbezogene, auf die Lauterkeit des Wettbewerbs bezogene Schutzfunktion.[286] Indizien für eine solche Schutzfunktion können unter anderem unmittelbare faktische Auswirkungen auf das Marktgeschehen, sowie eine ausdrückliche Berücksichtigung der Auswirkungen der Norm auf den Markt im Rahmen der Gesetzgebung sein.[287] Beide Indizien sind hier gegeben. Der Zweck der Vorschrift liegt darin, über die erhoffte Preisklarheit die Verbraucher in die Lage zu versetzen, beim Kauf der Waren oder bei der Inanspruchnahme von Dienstleistungen dem günstigsten Angebot den Vorzug zu geben und damit zugleich einen Beitrag zur Dämpfung des Preisauftriebs zu leisten.[288] Diese preisdämpfende Wirkung wurde also im Rahmen der Gesetzgebung ausdrücklich berücksichtigt. Nachdem der Bundesgerichtshof die

---

[283] Vgl. BGH 5.7.2001, GRUR 2001, 1166, 1168 - Fernflugpreise; 3.7.2003, GRUR 2003, 971, 972 - Telefonischer Auskunftsdienst; 15.1.2004, GRUR 2004, 435, 436 – FrühlingsgeFlüge.

[284] *Köhler/Piper*^{3}*(-Piper)* (Fn. 146), § 1 UWG Rn. 733.

[285] So auch OLG Hamburg, 23.12.2004, GRUR-RR 2005, 236, 238.

[286] Regierungsentwurf eines Gesetzes gegen den unlauteren Wettbewerb (UWG), BT-Drs. 15/1487, 19.

[287] BGH 11.5.2000, GRUR 2000, 1076, 1078, 1079 - Abgasemission.

[288] BGH 14.10.1993, GRUR 1994, 222, 224 - Flaschenpfand I; 28.11.1996, 25.2.1999, GRUR 1999, 762, 763 - Herabgesetzte Schlussverkaufspreise; 3.7.2003, GRUR 2003, 971, 972 - Telefonischer Auskunftsdienst.

Preisangabenverordnung früher als wertneutrale Vorschrift qualifiziert hatte,[289] hat er die Vorschrift infolge der gewandelten Rechtsprechung zum Wettbewerbsverstoß durch Rechtsbruch inzwischen ausdrücklich in den Kreis derjenigen Vorschriften aufgenommen, deren Nichtbeachtung sich als wettbewerbsrechtlicher Rechtsbruch darstellt.[290] Der Wettbewerbsbezug ist also gegeben.

b) Geltung für Online-Auktion

Grundsätzlich fällt gemäß § 1 Abs. 1 PAngV jedes Anbieten von Waren oder Leistungen in den Anwendungsbereich der Vorschrift. Allerdings nimmt § 9 Abs. 1 Nr. 5 PAngV ausdrücklich Warenangebote bei Versteigerungen vom Anwendungsbereich der Informationspflicht aus. Es stellt sich daher die Frage, ob diese Ausnahme auch für Online-Auktionen gilt.

aa) Bisherige Diskussion

Nach einer Ansicht kann die Frage, ob der Versteigerungsbegriff in § 9 PAngV auch Online-Auktionen erfasst, nicht anders entschieden werden, als die parallele Problematik im Zusammenhang mit § 34b Abs. 1 GewO.[291] Eine unterschiedliche Auslegung des Begriffes folge keiner Dogmatik, sondern passe das Merkmal im Sinne einer Rosinentheorie allein dem jeweils gewünschten Ergebnisses an.[292] Nach der hier vertretenen Ansicht wäre die Preisangabenverordnung somit auch auf Online-Auktionen anzuwenden. Dieses Ergebnis wird ferner damit begründet, dass eine Übertragung des § 9 Absatz 1 Nr. 5 PAngV auf Online-Auktionen gegen das systematische Gebot verstoßen würde, Ausnahmetatbestände eng auszulegen.[293]

Überwiegend sind in der Literatur und Rechtsprechung aber Vertreter eines weiten Versteigerungsbegriffes zu finden, der auch Auktionen im Internet erfasst.

---

[289] BGH 4.3.1982, GRUR 1982, 493, 495 – Sonnenring; 16.12.1982, GRUR 1983, 443, 445 - Kfz-Endpreis; 30.3.1988, GRUR 1988, 699, 700 - qm-Preisangaben II; 15.6.1989, BGHZ 108, 39, 44 - Stundungsangebote.

[290] BGH 3.7.2003, GRUR 2003, 971, 972 - Telefonischer Auskunftsdienst; 3.4.2003, GRUR 2003, 889 - Internet-Reservierungsdienst.

[291] *Völker* Preisangabenrecht (1996), § 7 PAngV Rn. 39; *Hess*, FS für Paul Hertin (2000), 391, 406.

[292] *Hess*, FS für Paul Hertin (2000), 391, 406.

[293] BayObLG 21.9.1982, GewArch 1983, 35.

Während nach einigen Auffassungen in Bezug auf die Preisangabenverordnung überhaupt kein Unterschied zwischen der klassischen und der Auktion im Internet auszumachen sei,[294] halten andere eine am Schutzzweck der Preisangabeverordnung orientierte Auslegung für erforderlich, derzufolge Online-Versteigerungen aus der Preisangabepflicht auszunehmen seien.[295] Schließlich könne der von der Verordnung bezweckte Schutz der Preisklarheit nicht in Frage stehen, wenn das Gebot eines bestimmten Preises vom Bieter selbst ausgeht.[296] Da die Pflicht zur Angabe von Endpreisen nicht mit dem Charakter von Online-Auktionen vereinbar sei, handelt es sich nach einer weiteren Ansicht um eine planwidrige Regelungslücke, die eine Anwendung auf Internet-Auktionen im Wege der Analogie rechtfertigt.[297] Darüber hinaus könne es nicht Zweck der Preisangabenverordnung sein, neue und sinnvolle Geschäftskonzepte und Leistungen zu behindern. Deshalb stehe hinter § 9 Abs. 1 Nr. 5 PAngV der Gesetzeszweck, alle Sachverhalte von der Angabepflicht auszunehmen, bei denen die Preisangabe aufgrund der Natur der Veranstaltung nicht möglich ist.[298] Auch sähe der Gesetzgeber selbst die Grundsätze der Preiswahrheit und Preisklarheit bei Versteigerungen, bei denen das Angebot vom Bieter ausgeht, nicht als gefährdet an, da es sonst die Ausnahme in § 9 Abs. 1 Nr. 5 nicht geben würde.[299] Darüber hinaus wird auch diese Ansicht mitunter mit dem Gebot einer parallelen Auslegung zu § 34 b Abs. 1 GewO begründet, das zumindest dann zwingend sei, wenn die Online-Auktion als Versteigerung im gewerberechtlichen Sinne verstanden würde.[300]

bb) Stellungnahme

Die Frage der Anwendbarkeit von § 9 PAngV auf Online-Auktionen muss unabhängig von der Auslegung des § 34b GewO erfolgen. Für das Gebot einer Gleichbehandlung spricht allein der Wortlaut der Vorschrift. Dieser kann aber gegenüber dem wichtigeren Regelungszweck schon deshalb nur eine untergeordnete Rolle besitzen, weil der Gesetzgeber bei der Formulierung die für ihn

---

294 *Hupperz*, MMR 2000, 65, 68.
295 *Teuber/Melber*, MDR 2004, 185, 189 f.; *Schulze* (Fn. 158), 127 f..
296 *Stenger*, in: *Kaminski/Henßler/Kolaschnik/Papathoma-Baetge* (Hrsg.), Rechtshandbuch E-Business (2002) 896 (Rn. 21).
297 *Vehslage*, MMR 1999, 680, 681.
298 *Bullinger*, WRP 2000, 253, 256; *Herwig/Lehmhus*, in: *Hoeren* (Hrsg.), Online-Auktionen (2002), 157, 167 f.; *Leible/Sosnitza*, Versteigerungen im Internet (2004) Rn. 540.
299 *Bullinger*, WRP 2000, 253, 256; *Stenger*, in: *Kaminski/Henßler/Kolaschnik/Papathoma-Baetge* (Hrsg.), Rechtshandbuch E-Business (2002) 897 (Rn. 21).
300 *Herwig/Lehmhus*, in: *Hoeren* (Hrsg.), Online-Auktionen (2002), 157, 166.

unbekannten Online-Auktionen nicht berücksichtigen konnte. Darüber hinaus zeigt auch der Vergleich mit § 156 BGB, dass das deutsche Recht ohnehin keinen einheitlichen Versteigerungsbegriff verwendet. Auch wenn der Gesetzgeber vor dem Hintergrund eines klassischen Versteigerungsbildes die Begriffe in beiden Gesetzen für gleichbedeutend gehalten hätte, müsste dies nicht für Online-Auktionen gelten.

Anstelle einer formalen Bezugnahme auf den Wortlaut, ist die Frage deshalb anhand der Gesetzesfunktion zu klären. Der Hauptzweck der Preisangabeverordnung besteht darin, die Position des Verbrauchers durch Gewährleistung eines optimalen Preisvergleichs zu stärken. Denn nur der informierte Verbraucher ist in der Lage, beim Kauf von Waren oder bei der Inanspruchnahme von Dienstleistungen dem günstigsten Angebot den Vorzug zu geben und damit zugleich auch einen Beitrag zur Dämpfung des Preisauftriebs zu leisten.[301]

Bei der klassischen Versteigerung, die der Verordnungsgeber 1973 vor Augen hatte, treten diese Aspekte in den Hintergrund. Aufgrund der besonderen Schnelligkeit und Hektik des Versteigerungsgeschehens ist die Preisbildung bei Versteigerungen häufig nicht transparent und die Abwägungs- und Vergleichsmöglichkeiten regelmäßig nur bedingt gegeben.[302] Den damit verbundenen Gefahren begegnet das Gesetz daher auf andere Weise, indem klassische Versteigerungen nur von den nach § 34b Abs. 1 GewO für zulässig befundenen Versteigerern vorgenommen werden dürfen und zudem die Veräußerung von Neuwaren gemäß § 34b Abs. 6 Nr. 5 b) GewO in der Regel verboten ist.

Demgegenüber steht die Bedeutung des Preisvergleichs für die vom Verbraucher zu fällende Kaufentscheidung bei Online-Auktionen der Bedeutung des Preisvergleichs in anderen Vertriebsformen in keiner Weise nach. Gerade das Internet ermöglicht es, innerhalb einer relativ kurzen Zeit Informationen über die Angebote anderer Anbieter zu besorgen, und zwar gleichermaßen bei anderen Online-Auktionshäusern, Online- oder Offline-Warenhäusern.[303] Auch der Bundesgerichtshof hat seine eher offene Haltung gegenüber Online-Vertriebsmodellen wiederholt damit begründet, dass er jeweils die Möglichkeit der Verbraucher, ihre Kaufentscheidungen mit der Einholung von Informationen über den Marktpreis der angebotenen Waren zu unterstützen, nicht beeinträch-

---

301 BGH 6.6.1991, GRUR 1991, 845, 846 – Nebenkosten; Begründung zur Verordnung über Preisangaben (Verordnung PR Nr. 3/73) vom 10.5.1973, zu § 7 Nr. 5 in: *Völker* (Fn. 291), Anhang 2.4.

302 *Tettinger/Wank*[7](*-Tettinger*) (Fn. 74), § 34b GewO Rn. 1 mit Verweis auf LG Mannheim 26.4.1993, GewArch 1993, 476, 477.

303 Z.B. über Preisvergleichsangebote: www.idealo.de, www.preisvergleich.de, www.ciao.de.

tigt sah.[304] Dem Preisvergleich kommt somit gerade auch im Bereich der Online-Auktionen eine herausragende Rolle zu. Der Gesetzeszweck spricht also für eine Anwendbarkeit der Preisangabenverordnung.

Eine Anwendung der Preisangabenverordnung auf Online-Auktionen könnte aber an Problemen der praktischen Umsetzung scheitern. In der Begründung zu § 7 Abs. 1 Nr. 5 PAngV von 1973 wird die Ausnahme für Versteigerungen damit gerechtfertigt, dass die Unmöglichkeit, einen von Anfang an fest stehenden Preis zu bilden, zum Begriff einer Versteigerung gehöre.[305] Auch die Stimmen aus Rechtsprechung und Literatur sind sich einig, dass die Endpreisangabe bei Online-Versteigerungen nicht möglich sei. Dieser Ansicht kann bei einer näheren Betrachtung des Begriffs "Endpreis" aber nicht gefolgt werden. Der Legaldefinition aus § 1 Abs. 1 S. 1 PAngV zufolge handelt es sich hierbei um den Preis, der einschließlich der Umsatzsteuer und sonstiger Preisbestandteile zu zahlen ist. Mit Endpreis ist daher nicht der Preis gemeint, zu dem letztendlich ein Vertragsschluss erfolgt, schließlich weiß ein Verkäufer auch bei einem klassischen Vertragsschluss nicht, ob er die Ware nicht nach einiger Zeit doch zu einem günstigeren Preis verkaufen wird. Unter Endpreis kann nur der Preis zu verstehen sein, der zu einem bestimmten Zeitpunkt von dem Erwerber unter Zusammenrechnung aller Preiskomponenten zu zahlen ist. Es geht also um das rechnerische Ende, nicht um das zeitliche Ende des Angebotes der jeweiligen Ware oder Leistung. Der jeweilige rechnerische Endpreis kann auch bei einer Online-Auktion ohne Probleme angegeben werden. Auf Grundlage dieses Verständnisses vom Begriff "Endpreis" stellt die Anwendung der Preisangabenverordnung keine überhöhten Anforderungen an Online-Auktionen.

Auch der Umstand, dass der Bieter und nicht der Anbieter mit seinem Angebot den aktuellen Preis bestimmt, steht einer Anwendung der Preisangabenverordnung nicht entgegen. Zwar ist der Anbieter darauf beschränkt, das aktuelle Höchstgebot oder das notwendige Mindestgebot anzuzeigen. Für die Bildung eines eigenen Angebots ist es für den Bieter aber ebenso wichtig zu wissen, ob zu diesem Angebot später noch weitere Nebenkosten hinzukommen, wie bei der Annahme eines fremden Angebots. Aufgabe des Bieters ist es daher, etwaige Nebenkosten bereits in den Startpreis einzukalkulieren und zudem klarzustellen, dass alle Gebote als Bruttoangebote zu bewerten sind.

---

304 BGH 13.3.2003, MMR 465, 467; 13.11.2003, GRUR 2004, 249, 250 f..

305 Begründung zur Verordnung über Preisangaben (Verordnung PR Nr. 3/73) vom 10.5.1973, zu § 7 Nr. 5 in: *Völker* (Fn. 291), Anhang 2.4.

Somit sind Online-Auktionen nicht als Versteigerungen gemäß § 9 Abs. 1 Nr. 5 PAngV zu qualifizieren. Die Angabepflichten der Preisangabenverordnung gelten uneingeschränkt auch für Online-Auktionen.

c) Inhalt der Angabepflichten

Gemäß § 1 Abs. 1 PAV sind stets die Endpreise anzugeben, nämlich die Preise, die einschließlich der Umsatzsteuer und sonstiger Preisbestandteile zu zahlen sind. Dies bedeutet zum einen, dass in der Auktion mit Bruttopreisen gehandelt wird, dem Bieter also nach Auktionsende nicht zusätzlich die Umsatzsteuer auferlegt wird. Unzulässig ist zum anderen, den Bietern über gesonderte Hinweise in der Angebotsbeschreibung weitere Kosten aufzuerlegen. Insbesondere der Hinweis, der Bieter habe die Gebühren der Nutzung der Auktionsplattform zu tragen, verstößt daher gegen § 1 PAngV.

Da Angebote in Online-Auktionen auf den Abschluss von Fernabsatzverträgen gerichtet sind, ist gemäß § 1 Abs. 2 PAngV zusätzlich anzugeben, dass der geforderte Preis die Umsatzsteuer und sonstige Preisbestandteile enthalten (§ 1 Absatz 2 Satz 1 Nr. 1 PAngV), und ob zusätzliche Liefer- und Versandkosten anfallen (§ 1 Absatz 2 Satz 1 Nr. 1 PAngV). Falls dies der Fall ist, muss deren Höhe angegeben werden, oder - falls dies nicht möglich ist - zumindest die zur Berechnung der Höhe erforderlichen Einzelheiten (§ 1 Absatz 2 Satz 2 PAngV). Bezieht sich das Angebot auf die Erbringung von Leistungen, ist es gemäß § 1 Abs. 3 PAngV auch möglich, an Stelle der Endpreise Stundensätze oder ähnliche Verrechnungssätze anzugeben, die allerdings ihrerseits alle eventuell anfallenden Nebenkosten und die Mehrwertsteuer beinhalten müssen. Für Waren, die in flexiblen Mengen verfügbar sind, aber durch Fertigpackungen, offene Packungen oder andere Verkaufseinheiten als zusammengehörige Einheit angeboten werden, enthält § 2 PAngV zudem die Pflicht, die Grundpreise vorbestimmter Teilmengen der Waren anzugeben. Dies hat vor allem für Lebensmittelangebote eine Bedeutung.

d) Darstellung

§ 1 Hinsichtlich der Art und Weise der Preisangaben enthält § 1 Absatz 6 PAV weitere Vorgaben, denen zufolge die Preise u.a. leicht erkennbar bzw. gut wahrnehmbar und bei einer Preisaufgliederung unter Hervorhebung des Endpreises darzustellen sind.[306] Da der aktuelle Preis bei Online-Auktionen im Mittelpunkt der Darstellung und der Aufmerksamkeit der Nutzer steht, ist die Erkennbarkeit der Preisangaben stets gegeben.

3) Informationspflichten gemäß § 312c Abs. 1 BGB

Die Nichtbeachtung der Informationspflichten aus § 312c Abs. 1 BGB könnte gegen §§ 3, 4 Nr. 11 UWG verstoßen. § 312c Abs. 1 BGB verpflichtet Unternehmer, die Verbrauchern ihre Leistungen im Fernabsatz anbieten, rechtzeitig vor Abgabe einer Willenserklärung durch den Verbraucher verschiedene Mindestinformationen zu erbringen.[307] Eine Konkretisierung der Informationen enthält die BGB-InfoV zu Art. 240 EGBGB. Festzustellen ist zunächst, ob die Norm einen Wettbewerbsbezug besitzt, so dass ein Verstoß den Tatbestand des Rechtsbruchs, §§ 3, 4 Nr. 11 UWG erfüllen könnte, und ob die Informationspflichten auch für Auktionsanbieter gelten. Da die Artikelbeschreibung für die Anbieter die einzige Gelegenheit darstellt, diese Pflicht zu erfüllen, wird anschließend untersucht, wie die konkreten Informationen in die Beschreibung integriert werden können.

a) Wettbewerbsbezug

Die Informationspflichten in § 312c BGB regeln ein Verhalten von Unternehmern, es handelt sich also um eine Marktverhaltensregelung.[308] Darüber hinaus hat die Vorschrift auch die Funktion, die Gegebenheiten eines bestimmten Marktes festzulegen und gleiche rechtliche Voraussetzungen für die auf diesem Markt tätigen Wettbewerber zu schaffen.[309] Die vorvertraglichen Pflichten sollen dem Verbraucher rechtzeitig die Möglichkeit geben, den Vertragsschluss noch einmal zu überdenken. Deshalb bedeutet das Missachten der Informationsverpflichtungen mehr als nur das Verschaffen eines lediglich formalen Wettbewerbsvorteils.[310] Der Wettbewerbsbezug ist gegeben.

---

[306] *Köhler/Piper*³(*-Piper*) (Fn. 146), § 1 PAngV Rn. 41; *Hefermehl/Köhler/Bornkamm*²⁴(*-Köhler*) (Fn. 51), § 1 PAngV Rn. 11, 14.

[307] *Woitke*, BB 2003, 2467.

[308] *Hefermehl/Köhler/Bornkamm*²⁴(*-Köhler*) (Fn. 51), § 4 UWG Rn. 11.163.

[309] OLG Frankfurt 17.4.2001, MMR 2001, 529, 530; LG Frankfurt 26.1.2001, GRUR-RR 2002, 271 f.; LG Berlin 28.5.2002, MMR 2002, 630.

[310] BGH GRUR 2002, 720; LG Berlin 28.5.2002, MMR 2002, 630.

b) Anwendbarkeit des § 312c BGB

Voraussetzung für einen Wettbewerbesverstoß aufgrund der Nichterbringung dieser Angabepflichten ist, dass es sich bei Online-Auktionen um Fernabsatzgeschäfte gemäß § 312b BGB handelt und die Anbieter Adressaten der Vorschrift sind.

aa) Online-Auktion als Fernabsatzvertrag

Fernabsatzgeschäfte sind Verträge zwischen einem Unternehmer und einem Verbraucher über die Lieferung von Waren oder über die Erbringung von Dienstleistungen, die unter ausschließlicher Verwendung von Fernkommunikationsmitteln abgeschlossen werden, es sei denn, dass der Vertragsschluss nicht im Rahmen eines für den Fernabsatz organisierten Vertriebs- oder Dienstleistungssystems erfolgt.[311] Online-Versteigerungen stellen Verträge über die Lieferung von Waren oder über die Erbringung von Dienstleistungen dar. Da der Anwendungsbereich des § 312b BGB nicht auf bestimmte schuldrechtliche Vertragstypen begrenzt ist, kommt es auf die vertragstypische Einordnung der Online-Auktion nicht an. Fernkommunikationsmittel sind Kommunikationsmittel, die zur Anbahnung oder zum Abschluss eines Vertrags ohne gleichzeitige körperliche Anwesenheit der Vertragsparteien eingesetzt werden können, insbesondere Briefe, Kataloge, Telefonanrufe, Telekopien, E-Mails sowie Rundfunk, Tele- und Mediendienste. Als Teledienst erfüllen Online-Auktionen dieses Merkmal. Darüber hinaus stellt eine Online-Auktionsplattform auch ein für den Fernabsatz organisiertes Vertriebssystem dar. Online-Auktionen sind also Fernabsatzgeschäfte.[312]

bb) Adressaten der Informationspflichten

Als Adressaten der Informationspflichten kommen sowohl die Betreiber der Auktionsplattformen, als auch die Auktionsanbieter in Betracht. Gemäß § 312c Abs. 1 BGB trifft die Informationspflicht den Unternehmer. Aus § 312b Abs. 1 BGB ergibt sich, dass damit derjenige gemeint ist, der als Unternehmer im Sinne des § 14 Abs. 1 BGB als Partei unmittelbar am Vertrag beteiligt ist. Der über die Online-Auktion geschlossene Vertrag über die Lieferung einer Ware oder

---

[311] § 312b Abs. 1 2.Hs. BGB.
[312] *Obergfell*. MMR 2005, 495, 496.

Dienstleistung besteht ausschließlich zwischen dem Anbieter und dem Bieter.[313] Unabhängig davon, ob der Betreiber der Auktionsplattform eine Stellvertreter- oder Botenrolle einnimmt, ist er jedenfalls nicht unmittelbar an dem über die Auktion ausgehandelten Vertrag beteiligt. Adressat der Informationspflichten ist daher der Auktionsanbieter.

cc) Ergebnis

Die Informationspflichten des § 312c Abs. 1, Abs. 2 BGB bestehen uneingeschränkt auch im Rahmen von Online-Auktionen. Zur Erbringung der erforderlichen Informationen ist allein der Anbieter der Leistung verpflichtet.

c) Inhalt

§ 312c Abs. 1 BGB verweist hinsichtlich der einzelnen Pflichtangaben auf die nach Art. 240 EGBGB erlassene BGB-Informationspflichten-Verordnung.[314] Gemäß § 1 Abs. 1 BGB-InfoV ist der Unternehmer verpflichtet, Informationen über den Anbieter,[315] über die Ware oder Dienstleistung[316] und über Einzelheiten der aus dem Vertrag erwachsenden Rechte und Pflichten[317] und der Preisgestal-

---

313 *Wiebe*, in: *Spindler/Wiebe*, Internet-Auktionen und Elektronische Marktplätze (2005), 57, 60, 65 (4. Kapitel, Rn. 3, 17).

314 „Verordnung über Informations- und Nachweispflichten nach bürgerlichem Recht" vom 2. Januar 2002, BGBl. 2002 I 342.

315 § 1 Abs. 1 Nr. 1 - 3 BGB-InfoV: Identität des Unternehmers und das öffentliche Unternehmensregister, bei dem der Rechtsträger eingetragen ist, sowie Registernummer; ggf. die Identität eines Vertreters des Unternehmers dem Mitgliedstaat, dem der Verbraucher seinen Wohnsitz hat, oder die Identität einer anderen gewerblich tätigen Person als dem Anbieter, wenn der Verbraucher mit dieser geschäftlich zu tun hat, und die Eigenschaft, der diese Person gegenüber dem Verbraucher tätig wird; die ladungsfähige Anschrift des Unternehmers und jede andere Anschrift, die für die Geschäftsbeziehung zwischen diesem, seinem Vertreter oder einer anderen gewerblich tätigen Person gemäß Nummer 2 und dem Verbraucher maßgeblich ist, bei juristischen Personen, Personenvereinigungen oder -gruppen auch den Namen eines Vertretungsberechtigten.

316 § 1 Abs. 1 Nr. 4 1. HS BGB-InfoV: wesentliche Merkmale der Ware oder Dienstleistung.

317 § 1 Abs. 1 Nr. 4 2. HS, Nr. 10. Nr. 12 BGB-InfoV: Informationen darüber, wie der Vertrag zustande kommt, die Mindestlaufzeit des Vertrags, wenn dieser eine dauernde oder regelmäßig wiederkehrende Leistung zum Inhalt hat, einen Vorbehalt, eine Qualität und Preis gleichwertige Leistung (Ware oder Dienstleistung) zu erbringen, und einen Vorbehalt, die versprochene Leistung im Fall ihrer Nichtverfügbarkeit nicht zu erbringen; das Bestehen oder Nichtbestehen eines Widerrufs- oder Rückgaberechts sowie die Bedingungen, Einzelheiten der Ausübung, insbesondere Namen und Anschrift desjenigen, gegenüber dem

tung[318] zu vermitteln. Während die meisten dieser Angaben keine besonderen Fragen aufwerfen, ist bei anderen unklar, wie sie im Rahmen von Online-Auktionen erfüllt werden können.

aa) Angabe des geschäftlichen Zwecks

Nicht in der BGB-InfoV, sondern unmittelbar in § 312c Abs. 1 S. 1 Nr. 2 BGB ist die Pflicht des Unternehmers normiert, den Verbraucher über den geschäftlichen Zweck des Vertrages zu informieren; er soll wissen, dass sein potentieller Vertragspartner kommerzielle Interessen verfolgt.[319] Dieses Wissen ist Voraussetzung dafür, dass der Verbraucher zum einen seine Rechte, zum anderen die dem Angebot zu Grunde liegende Kalkulation richtig abschätzen kann.[320] Hierzu gehört das Wissen über die Absicht des Vertragspartners, als Unternehmer einen Vertrag mit dem Verbraucher zu schließen. Hingegen ist die Gewinnerzielungsabsicht gerade nicht Bestandteil des geschäftlichen Zwecks. [321] Wichtig ist diese Information vor allem bei Kontakten über Telefon oder eMail, bei denen der Verbraucher nicht ohne weiteres erkennen kann, ob sein Gegenüber überhaupt und gegebenenfalls mit welcher Motivation einen Vertragsschluss wünscht. Wenngleich die Absicht, einen Vertrag zu schließen, bei Online-Auktionen offensichtlich ist, besteht ein erheblicher Aufklärungsbedarf darüber, ob ein

der Widerruf zu erklären ist, und die Rechtsfolgen des Widerrufs oder der Rückgabe, einschließlich Informationen über den Betrag, den der Verbraucher im Fall des Widerrufs oder der Rückgabe gemäß § 357 Abs. 1 des Bürgerlichen Gesetzbuchs für die erbrachte Dienstleistung zu zahlen hat; eine Befristung der Gültigkeitsdauer der zur Verfügung gestellten Informationen, beispielsweise die Gültigkeitsdauer befristeter Angebote, insbesondere hinsichtlich des Preises.

318 § 1 Abs. 1 Nr. 7, Nr. 11 BGB-InfoV: den Gesamtpreis der Ware oder Dienstleistung einschließlich aller damit verbundenen Preisbestandteile sowie alle über den Unternehmer abgeführten Steuern oder, wenn ke genauer Preis angegeben werden kann, über die Grundlage für seine Berechnung, die dem Verbraucher eine Überprüfung des Preises ermöglicht, gegebenenfalls zusätzlich anfallende Liefer- und Versandkosten sowie einen Hinweis auf mögliche weitere Steuern oder Kosten, die nicht über den Unternehmer abgeführt oder von ihm Rechnung gestellt werden, Einzelheiten hinsichtlich der Zahlung und der Lieferung oder Erfüllung; alle spezifischen, zusätzlichen Kosten, die der Verbraucher für die Benutzung des Fernkommunikationsmittels zu tragen hat, wenn solche zusätzlichen Kosten durch den Unternehmer Rechnung gestellt werden.

319 Art. 4 Abs. 2 FernAbsRL (Fn. 67); Regierungsentwurf eines Gesetzes über Fernabsatzverträge und andere Fragen des Verbraucherrechts sowie zur Umstellung von Vorschriften auf Euro. BT-Drucks. 14/2658, 37; *Seifert*, K&R 2003, 244, 245.

320 *Seifert*, K&R 2003, 244, 245.

321 A.A. Münchener Kommentar zum Bürgerlichen Gesetzbuch(-*Wendehorst*), Band 2a: §§ 241-432[4] (2003), § 312c BGB Rn. 70.

Anbieter als Privatverkäufer oder Unternehmer handelt.[322] Nach § 312c Abs. 1 S. 1 Nr. 2 BGB ist der Anbieter daher verpflichtet, auf seine Unternehmereigenschaft hinzuweisen.

bb) Angaben über den Anbieter

An erster Stelle nennt die BGB-InfoV Informationen über den Anbieter, insbesondere seine Identität, Registereintragungen und die ladungsfähige Anschrift. Diese Informationspflicht steht in einem erheblichen Konflikt mit der bei den meisten Online-Auktionen üblichen Praxis, während der Auktionslaufzeit nur unter einem Pseudonym aufzutreten.[323] Aus diesem Grunde wird vereinzelt die Ansicht vertreten, die gesetzlichen Informationspflichten müssten hinter dem Prinzip der Anonymität, das die Auktionsteilnehmer mit den AGB des Plattformbetreibers akzeptiert hätten, zurücktreten.[324] Wichtiger als die Identität des Anbieters sei aus Sicht des Verbrauchers vor allem der günstige Preis der Angebote.[325] Freilich kann diese Sichtweise nicht überzeugen. Zum einen lässt das Gesetz überhaupt keinen Raum für eine Interpretation. Der Wortlaut des § 312c Abs. 1 BGB ist diesbezüglich eindeutig, auch bezieht sich die Ausnahmeregelung in § 312d Abs. 4 Nr. 5 BGB ausschließlich auf das fernabsatzrechtliche Widerrufsrecht, nicht auf die Informationspflichten. Zum anderen entspricht die Anwendung der Informationspflichten auf Online-Auktionen ausdrücklich dem Willen des Gesetzgebers. Schließlich hatte der Rechtsrat des Deutschen Bundestages durch seine Beschlussempfehlung gezielt angeregt, die für Auktionen vorgesehene Ausnahme auf das in § 312d BGB geregelte Widerrufsrecht zu begrenzen.[326] Auch im Rahmen von Online-Auktionen ist der Unternehmer somit verpflichtet, die in § 1 Abs. 1 BGB-InfoV genannten Anbieterinformationen zu erbringen.[327]

---

[322] A.A. *Schlömer/Dittrich*, (Fn. 24) Rn. 285, die § 312c Abs. 1 S. 1 Nr. 2 BGB nicht auf Online-Auktionen anwenden wollen; *Woitke*, BB 2003, 2469, 2470.

[323] Oben 2. Teil E) I).

[324] LG Osnabrück 6.11.2002, VuR 2003, 116 f.; bestätigt durch OLG Oldenburg, Besch. V. 20.1.2003 (1 W 6/03).

[325] LG Osnabrück 6.11.2002, VuR 2003, 116.

[326] Beschlussempfehlung und Bericht des Rechtsausschusses (6. Ausschuss) (Fn. 68), 30.

[327] So auch OLG Hamm 14.4.2005, MMR 2005 540, 541; *Woitke*, VuR 2003, 117.

cc) Informationen über die angebotene Leistung

Keine spezifischen Probleme sind mit der Pflicht zur Beschreibung der angebotenen Ware oder Leistung verbunden. Diese Informationen stellen den Kern der Angebotsseite und damit die einzige Möglichkeit des Anbieters dar, potentielle Bieter auf sich aufmerksam zu machen. Die größte praktische Bedeutung liegt hierbei in der Frage, ob der Anbieter die Ware oder Leistung zutreffend beschrieben und gegebenenfalls ausreichend auf Mängel hingewiesen hat. Die sich aus einer Verletzung dieser Pflicht ergebenden Rechte weisen jedoch weder einen besonderen wettbewerbsrechtlichen Bezug, noch eine hervorzuhebende Verbindung zu Online-Auktionen auf.

dd) Detailangaben über die Kosten

Die Anbieter sind verpflichtet, soweit möglich, den Gesamtpreis der Leistung anzugeben. Insoweit besteht eine weitgehende Deckungsgleichheit mit der aus der Preisangabenverordnung resultierenden Pflicht zur Angabe des Endpreises.[328] Wie dort ist auch hier der Betrag gemeint, der zum Zeitpunkt der Abfrage von dem Bieter geboten werden muss, um als Höchstbietender die Möglichkeit des Zuschlages bei Zeitablauf zu erhalten.[329] Aus dem unklaren Wortlaut des § 1 Abs. 1 Nr. 7, Nr. 11 BGB-InfoV wird allerdings nicht deutlich, ob auch etwaige Versandkosten Bestandteil des Gesamtpreises sein müssen oder ob es genügt, auf diese gesondert hinzuweisen. Die Bezeichnung als „zusätzlich" anfallende Liefer- und Versandkosten und die Stellung in dem Satz im Anschluss an die Alternative zur Gesamtpreisbildung bei noch offenen Positionen deuten aber auf Letzteres hin, weshalb eine gesonderte Angabe der neben dem eigentlichen Kaufpreis bestehenden Liefer- und Versandkosten den Anforderungen des § 312c Abs. 1 BGB genügen dürfte. Die Formulare der derzeit bekannten Auktionsplattformen zwingen den Anbieter bereits bei der Formulierung seiner Versteigerungsannonce zur Angabe der möglichen Versandarten, der hiermit verbundenen Kosten und der Angabe, wer diese tragen soll. Da jeder Interessent diese Informationen in der Versteigerungs-Annonce einsehen kann, werden diese Anforderungen erfüllt.

---

[328] *Völker*, NJW 2000, 2787, 2789.
[329] Oben 2. Teil E) II) 2).

ee) Vertragsdetails

Ferner ist der Unternehmer verpflichtet, dem Verbraucher die wesentlichen Informationen über den Vertrag, insbesondere über das Zustandekommen und die Gültigkeitsdauer der Preise eines Angebotes, mitzuteilen.[330] Diese Informationspflichten wurden insbesondere aufgrund der bei Online-Auktionen nach Auffassung des Gesetzgebers oftmals bestehenden Unsicherheiten über die rechtliche Verbindlichkeit der Angebote und Gebote für notwendig gehalten.[331] Nachdem aber die rechtliche Verbindlichkeit der Gebote auch außerhalb einer nach § 156 BGB erfolgenden Versteigerung anerkannt worden ist,[332] hat die tatsächliche Bedeutung dieser Information abgenommen. Da die vertragstechnischen Details letztlich Eigenschaften der Auktions-Plattformen darstellen, auf die der einzelne Anbieter zum einen keinen Einfluss hat, und die zum anderen für alle auf der Auktionsplattform geführten Rechtsgeschäfte gleichermaßen gelten, werden diese Informationen dem potentiellen Bieter in der Praxis meist vom Plattform-Betreiber selbst übermittelt; teilweise geschieht dies bereits mittels der Allgemeinen Geschäftsbedingungen des Plattformbetreibers, die der potentielle Bieter bei der erforderlichen Anmeldung seines Pseudonyms bei der Plattform zur Kenntnis nehmen muss.[333] Teilweise erfolgen automatisierte Hinweise während der Prozedur zur Gebotsabgabe. Für eine zusätzliche Information durch den Anbieter besteht deshalb kein Grund. Dies bestätigt auch der Wortlaut der Fernabsatzrichtlinie, die im Gegensatz zu § 312c Abs. 1 BGB nicht an das Zurverfügungstellen, sondern an das Verfügen des Verbrauchers über die Informationen[334] und damit sachgerecht an die tatsächliche Kenntnis der Verbraucher anknüpft.

ff) Bestehen oder Nichtbestehen eines Widerrufsrechts

Gemäß § 1 Abs. 1 Nr. 10 BGB-InfoV ist der Unternehmer verpflichtet, den Verbraucher darüber zu informieren, ob ihm ein gesetzliches Widerrufsrecht zusteht.[335]

---

[330] § 1 Abs. 1 Nr. 3, 11 BGB-InfoV.

[331] Beschlussempfehlung und Bericht des Rechtsausschusses (6. Ausschuss) (Fn. 68), 30.

[332] BGH 7.11.2001, BGHZ 149, 129, 133.

[333] Oben 2. Teil E) I).

[334] Richtlinie 97/7/EG (Fn. 67), 6.

[335] Die Geltung des Widerrufsrechts aus § 312d Abs. 1 BGB wird weiter unten gesondert untersucht, 4. Teil IV) 2), 5. Teil C) I).

d) Zeitpunkt

§ 312c Abs. 1 BGB verlangt, dass die Informationen rechtzeitig vor dem Vertragsschluss erbracht werden. Der Vertragsschluss erfolgt zwar erst bei Ablauf der vorbestimmten Auktionszeit, jedoch gibt der Bieter bereits mit Abgabe des Gebotes die Entscheidung über den Vertrag aus der Hand.[336] Der Gesetzesratio nach müssen die Informationen daher rechtzeitig vor der Gebotsabgabe vorliegen.[337] Es bleibt daher nur die Möglichkeit, die Informationen bereits in die Artikelbeschreibung aufzunehmen.

e) Form

Die Darstellung der Informationen muss in „einer dem eingesetzten Fernkommunikationsmittel entsprechenden Weise klar und verständlich" erfolgen. Diesem allgemeinen Gebot lässt sich wenig Konkretes für die Form der Informationserbringung im Rahmen der Verkaufsannonce entnehmen. Selbstverständlich ist jedoch, dass der Anbieter sich sowohl in optischer als auch in inhaltlicher Hinsicht um eine klare Darstellung bemühen muss.[338] Der Versuch, den potentiellen Bieter durch eine auffällig unübersichtliche Gestaltung oder durch eine unnötig komplizierte Erläuterung von dem Kern der zu erbringenden Informationen abzulenken, stellt daher in jedem Fall einen Verstoß gegen § 312c Abs. 1 BGB dar.

aa) Bereithalten der Informationen über einen Link

Schwieriger zu beantworten ist die Frage, ob auch ein Link in der Artikelbeschreibung, der zu einer anderen, die Informationen enthaltenden Seite führt, dem Transparenzgebot genügt. Verbreitet sind in der Praxis Links, die auf eine externe Homepage des Anbieters oder auf eine vom Auktionsportal angebotene Seite mit Informationen über den Anbieter führen.[339] Anders als bei § 6 TDG geht es hierbei weniger um die unmittelbare Erreichbarkeit der Informationen,

---

336 Der Vertragsschluss kann anschließend nur noch durch ein höheres Gebot eines Dritten verhindert werden, nicht durch den Bieter oder Anbieter; anders noch: Beschlussempfehlung und Bericht des Rechtsausschusses (6. Ausschuss) (Fn. 68), 30.

337 Im Ergebnis auch: OLG Hamm 14.4.2005, MMR 2005, 540, 541.

338 *Mankowski*, CR 2001, 767, 770.

339 Z.B. bietet eBay die Möglichkeit, über den auf der Angebotsseite angebrachten Link „mich" auf eine Seite mit Informationen über den Anbieter zurückzugreifen.

die dort unter anderem anhand der notwendigen Mausklicks definiert wird,[340] sondern um die Frage, unter welchen Voraussetzungen ein Link eine klare und verständliche Darstellung der Informationen ist. Einigkeit besteht darin, dass ein aufgrund seiner Anordnung oder Gestaltung nur unauffälliger Link, auf den nicht gesondert hingewiesen wird, diesen Anforderungen nicht genügt.[341] Aus diesem Grunde reicht es auch nicht, über einen Link, der zu einer Seite mit näheren Angaben über den Anbieter führen soll, sämtliche Informationspflichten zugänglich zu machen.[342] Ein Interessent hat keinen Anlass zu erwarten, auf dieser Seite neben den anbieterbezogenen Daten auch andere Informationen, beispielsweise die über den Vertragsschluss zu erhalten.[343] Aus diesem Grunde stellt ein so gekennzeichneter Link keine klare und verständliche Darstellung der Informationen dar.

Teilweise wird aber darüber hinaus gefordert, dass der Aufruf der Informationen für den Verbraucher unumgänglich sein müsse.[344] Um diese Anforderung erfüllen zu können, müsste der Anbieter in die Prozeduren des Auktionsportals eingreifen und das Aufrufen des Links zur Voraussetzung für einen Vertragsschluss machen. Da ihm dies aber nicht möglich ist und die Auktionsportale derzeit auch keine Möglichkeit für eine solche Zwangsumleitung vorsehen, könnte eine Informationserteilung über einen Link nach dieser Ansicht dem Transparenzgebot in keinem Fall genügen.

Für eine so weitgehende Informationspflicht besteht jedoch keine Notwendigkeit.[345] Ziel des Transparenzgebotes ist es nicht, den Verbraucher zwangsweise zu belehren, sondern ihm eine einfache Möglichkeit zu geben, sich die zur Beurteilung des Angebotes und seiner rechtlichen Möglichkeiten Informationen zu beschaffen.[346] Dies kann über einen ausreichend gekennzeichneten Link ohne weiteres erreicht werden. Darüber hinaus ist das Interesse des Verbrauchers an den Informationen ohnehin eine notwendige Voraussetzung für eine effektive Umsetzung der Informationspflicht. Ohne dieses Interesse wird auch eine unmittelbar in der Artikelbeschreibung enthaltene Information nicht wahrgenommen. Schließlich kann durch eine über einen Link ausgelagerte Informationsseite auch

---

340 OLG München 11.9.2003, NJW-RR 2004, 913, 914; für einen Mausklick: *Woitke*, NJW 2003, 871, 873.

341 OLG Hamburg 27.3.2003, NJW 2004, 1114, 1116; *Mankowski*, CR 2001, 767, 771.

342 Z.B. die „mich"-Seite bei eBay.

343 OLG Hamm 14.4.2005, MMR 2005, 540, 541.

344 OLG Frankfurt 17.4.2001, MMR 2001, 529, 530; ausdrücklich offengelassen: OLG Karlsruhe 27.3.2002, GRUR 2002, 730.

345 So im Ergebnis auch OLG München 11.9.2003, NJW-RR 2004, 913, 914.

346 *Mankowski*, CR 2001, 767, 772.

eine bessere Übersicht der Informationen erreicht werden, die anderenfalls zwischen den artikelbezogenen Angaben leichter übersehen werden könnten. Andererseits ist zu berücksichtigen, dass zumindest ein Teil der Informationen dazu dient, dem Verbraucher die ihm zur Verfügung stehenden Rechte aufzuzeigen. Da also gerade nicht davon ausgegangen werden darf, dass der Interessent selbst nach den Informationen suchen wird, muss bereits der Link klar und verständlich machen, dass über ihn vertragsrelevante Informationen abrufbar sind. So wird der Interessent in die Lage versetzt, sich diese Informationen zu verschaffen. Erforderlich ist daher zumindest eine Platzierung des Links an einer so hervorgehobenen Stelle der Webseite, dass der Verbraucher gleichsam auf sie stoßen muss. [347]

bb) Allgemeine Geschäftsbedingungen des Unternehmers

Nach diesen Maßstäben ist es zwar grundsätzlich möglich, die Pflichtinformationen in die vom Unternehmer verwendeten Allgemeinen Geschäftbedingungen aufzunehmen,[348] jedoch muss er die Pflichtangaben optisch so deutlich von den übrigen Bedingungen abgrenzen, dass sie auch bei flüchtiger Betrachtung nicht zu übersehen sind.[349]

4) Informationspflichten gemäß § 312e BGB

§ 312e BGB verpflichtet Unternehmer, die Teledienste zum Zwecke des Abschlusses von Verträgen über die Lieferung von Waren oder über die Erbringung von Dienstleistungen verwenden, zur Einhaltung einiger technischer Standards und zur Erbringung zusätzlicher, in § 3 BGB-InfoV genannter Informationen. Die Vorschrift gilt unabhängig davon, ob die Angebote an Verbraucher (B2C) oder Unternehmer (B2B) gerichtet sind.[350]

---

[347] OLG Karlsruhe 27. 3. 2002, GRUR 2002, 730; *Mankowski*, CR 2001, 767, 771.

[348] *Bamberger/Roth(-Schmidt-Räntsch)* (Fn. 71), § 312c BGB Rn. 18; MünchKomm BGB⁴(-*Wendehorst*) (Fn. 321), § 312c BGB Rn. 38.

[349] *Bamberger/Roth(-Schmidt-Räntsch)* (Fn. 71), § 312c BGB Rn. 18; *Staudinger(-Thüsing)*, Kommentar zum Bürgerlichen Gesetzbuch: §§ 311, 311a, 312, 312a-f, Neubearbeitung (2005), § 312c BGB Rn. 32.

[350] *Woitke*, BB 2003, 2467, 2472.

a) Wettbewerbsbezug

Auch § 312e BGB regelt unmittelbar ein Marktverhalten. Die in der Norm vorgegebenen technischen Standards und Informationspflichten dienen vor allem dazu, Irrtümer und fehlerhafte Eingaben des Kunden, sowie Manipulationen des Unternehmers zu verhindern.[351] Jedenfalls diejenigen Pflichten, die für das Zustandekommen oder den Inhalt des Vertrages unmittelbar relevant sind, wie beispielsweise die gemäß § 312e Abs. 1 Nr. 2 BGB i.V.m. § 3 Nr. 1 und 3 BGB-InfoV erforderliche Aufklärung über die zum Vertragsschluss führenden Schritte und die Möglichkeiten zur Korrektur von Eingabefehlern, besitzen darüber hinaus Einfluss auf den Wettbewerb und stehen daher auch im Interesse der Marktteilnehmer.[352]

b) Geltung für Anbieter in Online-Auktionen

Die Vorschrift findet auf die Anbieter in Online-Auktionen Anwendung, da die Auktionsportale Teledienste darstellen, über die die Angebote veräußert werden.[353] Darüber hinaus handelt es sich bei den an alle potentielle Interessenten gerichteten Angeboten nicht um Individualkommunikation, so dass auch ein partieller Ausschluss der Vorschrift gemäß § 312e Abs. 2 S. 1 BGB ausscheidet. Da die meisten dieser Organisations- und Unterrichtungspflichten die technischen Prozeduren des Vertragsschlusses und der Vertragsabwicklung betreffen, werden sie in der Regel bereits von den Betreibern der Auktionsportale erbracht. Nach dem klaren Wortlaut der Vorschrift ist es aber die Aufgabe des Unternehmers, die aufgezählten technischen und informatorischen Mindestleistungen zu erbringen, und zwar auch dann, wenn er nicht selbst Betreiber des Teledienstes ist. Aus diesem Grunde muss der Anbieter in einer Online-Auktion selbst überprüfen, welche Pflichten bereits vom Auktionsportal bedient werden und welche Aufgaben noch von ihm selbst zu erfüllen sind.

c) Organisatorische Standards

In Absatz 1 Nr. 1 und Nr. 4 nennt § 312e BGB einige vom Unternehmer zu leistende technische Mindestvoraussetzungen. Zum einen hat der Unternehmer angemessene, wirksame und zugängliche technische Mittel zur Verfügung zu

---

[351] MünchKomm BGB^4(-*Wendehorst*) (Rn. 321), § 312e BGB Rn. 1.
[352] *Boente/Riehm*, JURA 2002, 222, 229.
[353] Oben 4. Teil B) I) 1) b) bb).

stellen, mit deren Hilfe der Kunde Eingabefehler vor Abgabe seiner Bestellung erkennen und berichtigen kann. Zum anderen muss dem Verbraucher die Möglichkeit gegeben werden, die Vertragsbestimmungen einschließlich der Allgemeinen Geschäftsbedingungen bei Vertragsschluss abzurufen und in wiedergabefähiger Form zu speichern.[354] Diese die technischen Prozeduren betreffenden Vorgaben, werden von der Betreibersoftware der meisten Auktionsportale erfüllt.

d) Informationspflichten

§ 312e Abs. 1 Nr. 2, 3 BGB legen dem Unternehmer weitere Informationspflichten auf, die ebenfalls überwiegend im Zusammenhang mit den technischen Abläufen der Auktionsportale stehen und daher in der Praxis ebenfalls von deren Betreibern erfüllt werden.

aa) Erläuterung der technischen Mindeststandards

Zunächst muss der Unternehmer dem Verbraucher mitteilen, wie er die von ihm angebotenen technischen Grundvoraussetzungen, also die Möglichkeit der Korrektur von Eingabefehlern und das Abrufen der gespeicherten Vertragsdaten, nutzen kann. Da es nicht die Aufgabe des Unternehmers ist, dem Verbraucher die Basisfunktionen seines Computers zu erläutern,[355] genügt hier in der Regel eine benutzerfreundliche Gestaltung der Software des Auktionsportals. Nur wenn diese nicht gegeben ist, muss der Anbieter die Funktionen ausdrücklich erläutern.

bb) Angaben zum Vertragsschluss

Darüber hinaus muss der Verbraucher über die einzelnen technischen Schritte, die zu einem Vertragsschluss führen, informiert werden.[356] Wichtig ist insbesondere, dass deutlich erkennbar ist, durch welche Handlung eine rechtsverbindliche Erklärung abgegeben wird.[357] Nicht ausreichend ist daher die Aufnahme dieser Informationen in die zwischen den Bietern und dem Auktions-

---

[354] eBay speichert die Verkaufsannonce daher für 90 Tage.
[355] MünchKomm BGB^4(-*Wendehorst*) (Rn. 321), § 312e BGB Rn. 84.
[356] § 312e Abs. 1 Nr. 2 BGB i.V.m. § 3 Nr. 1 BGB-InfoV.
[357] MünchKomm BGB^4(-*Wendehorst*) (Rn. 321), § 312e BGB Rn. 78.

portal geltenden Geschäftsbedingungen.[358] Den Zugang einer Bestellung hat der Unternehmer dem Verbraucher zudem unverzüglich zu bestätigen. Die Software der meisten Auktionsportale weist die Bieter daher bei der Eingabe der Angebote darauf hin, wann die Verbindlichkeit der jeweiligen Eingabe eintritt.[359] Nach Abgabe dieser Erklärung erhält der Bieter eine Bestätigung per eMail.

cc) Sprachen und Verhaltenskodizes

Schließlich hat der Unternehmer den Verbraucher auf die für den Vertrag zur Verfügung stehenden Sprachen hinzuweisen und ihm die Möglichkeiten eines elektronischen Zugangs zu diesen Kodizes zu nennen.[360] Ein Aufklärungsbedarf über die zur Verfügung stehenden Sprachen besteht allenfalls, wenn die Verkaufsanzeige mehrsprachig gehalten ist. Dies ist in der Regel der Fall, wenn internationale Angebote über das deutsche Portal einer Online-Auktion aufgerufen werden. In anderen Fällen wäre der Hinweis, dass der Vertrag zwischen deutschen Vertragsparteien über einen deutschsprachigen Teledienst in deutscher Sprache abgeschlossen werden kann, offensichtlich überflüssig.[361] Die anzugebenden Verhaltenskodizes umfassen sowohl freiwillige Regelwerke, denen sich der Unternehmer unterworfen hat, als auch das obligatorische Berufs- und Standesrecht. Da lediglich die Information über elektronische Zugangsmöglichkeiten, nicht aber auch die Bereitstellung eines Hyperlinks erforderlich ist, genügt die Angabe einer Web-Adresse, unter die Kodizes abrufbar sind.[362] Daher läuft der Unternehmer nicht Gefahr, mit den Bedingungen der Auktionsportale in Konflikt zu geraten, die externe Links oftmals untersagen.

dd) Form und Zeitpunkt

Die Informationen müssen klar und verständlich rechtzeitig vor Abgabe der Bestellung durch den Unternehmer erteilt werden.[363] Die Anforderungen decken

---

[358] Offen insoweit *Schlömer/Dittrich* (Fn. 24), Rn. 292.

[359] Z.B. bei www.ebay.de, www.hood.de.

[360] § 312e Abs. 1 Nr. 2 BGB i.V.m. § 3 Nr. 4, 5 BGB-InfoV.

[361] *Schlömer/Dittrich* (Fn. 24), Rn. 295; MünchKomm BGB^4(-*Wendehorst*) (Rn. 321), § 312e BGB Rn. 78.

[362] MünchKomm BGB^4(-*Wendehorst*) (Rn. 321), § 312e BGB Rn. 92; a.A. *Schlömer/Dittrich* (Fn. 24), Rn. 296.

[363] MünchKomm BGB^4(-*Wendehorst*) (Rn. 321), § 312e BGB Rn. 72, 70.

sich daher mit denen aus § 312c Abs. 1 BGB, so dass auf die dortigen Ausführungen verwiesen wird.[364]

5) Gewerbliche Pflichtangaben

Eine unlautere Wettbewerbshandlung gemäß §§ 3, 4 Nr. 11 UWG könnte ferner in der Nichtbeachtung der gewerblichen Angabepflichten liegen. Juristische Personen, Personengesellschaften, Einzelkaufleute und einfache Gewerbetreibende sind verpflichtet, auf ihren Geschäftsbriefen die zur Identifikation erforderlichen Mindestangaben anzugeben.[365] Die in § 80 AktG, 35a GmbHG, §§ 125a, 37a HGB und § 15b GewO geregelten Angabepflichten haben die gemeinsame Voraussetzung, dass die Briefe nicht an einen unbestimmten Personenkreis gerichtet ist. Mit Ausnahme von Bestellformularen, ist die Angabe im Rahmen bestehender Geschäftsverbindungen auf Vordrucken nicht erforderlich.[366] Für die Freien Berufe gelten diese Vorschriften nicht, jedoch existieren in einigen Berufsregelungen teilweise ähnliche Regelungen.[367]

a) Wettbewerbsbezug

Die Vorschriften sollen einer Anonymität im geschäftlichen Verkehr entgegenwirken und den Geschäftspartnern die zur Identifikation der Geschäftspartner notwendigen Informationen vermitteln.[368] Daher stellt sie Marktverhaltensregeln, die dem Interesse der Marktteilnehmer dienen, dar.[369]

b) Geltung für elektronische Geschäftsbriefe

Werbung, Vertragsanbahnung und Vertragsabschluss erfolgen bei Online-Auktionen über die Internetseiten des Auktionshauses und über eMails zwischen den Beteiligten. Zu klären ist deshalb, ob sich die Angabepflichten auch auf di-

---

364 Oben 3. Teil B) I) 3) D9, e).

365 *Baumbach/Hopt*[31](*-Hopt*) (Fn. 77), § 37a HGB Rn. .2, § 125a HGB Rn. 1.

366 § 80 Abs. 2, 3 AktG; § 35a Abs. 2, 3 GmbHG; §§ 125a Abs. 2, 37a Abs. 2, 3 HGB; § 15b Abs. 1 S. 2, 3 GewO.

367 Z.B. § 10 BORA; § 19 BOStB.

368 *Hefermehl/Köhler/Bornkamm*[24](*-Köhler*) (Fn. 51), § 4 UWG Rn. 11.165, 11.164; *Ebenroth/Boujong/Joost*(*-Hillmann*) (Fn. 77), § 37a HGB Rn. 1; *Tettinger/Wank*[7](*-Tettinger*) (Fn. 74), § 15b GewO Rn.1.

369 *Hefermehl/Köhler/Bornkamm*[24](*-Köhler*) (Fn. 51), § 4 Rn. 11.165, 11.164.

gitale Kommunikationsformen erstreckt. Gegen eine Anwendung auf digitale Medien wird eingewendet, dass die Formulierung „Geschäftsbriefe“ nur perpetuierte, körperliche Medien erfassen würde.[370] Eine entsprechende Anwendung der Vorschrift auf eMails sei nicht erforderlich. Schließlich würde auch bei telefonisch abgegebenen Erklärungen niemand auf die Idee kommen, die Einhaltung der Pflichtangaben einzufordern. Ebenso wie ein Telefonat würden aber auch digitale Medien nicht mehr als elektrische Impulse darstellen, die flüchtig seien und daher nicht die einem körperlichen Geschäftsbrief eigene Vertrauenswirkung ausstrahlen könnten.[371]

Diese Ansicht lässt sich jedoch weder vom rechtlichen noch von einem praxisnahen Standpunkt aus vertreten. Die Einfügung von § 126 Abs. 3 BGB, durch den die elektronische Erklärung der Schriftform gleich gestellt wird, zeigt, dass der Gesetzgeber digital fixierten Erklärungen grundsätzlich eine der Schriftform ähnliche Vertrauenswirkung beimisst. Daher wäre es verfehlt, die digitale Erklärung in Ersetzung der Schriftform zuzulassen, zugleich aber auf die Notwendigkeit der Pflichtangaben zu verzichten.[372] Darüber hinaus lässt sich unter dem Begriff „Geschäftsbrief“ keineswegs nur die körperliche Schriftform subsumieren. Ein Geschäftbrief kann vielmehr in verschiedensten Formen vorkommen, als Paketsendung ebenso wie als elektronische Post. Letztlich wäre es aber auch praxisfern, zwischen körperlichen und digitalen Schriftstücken einen tiefen Graben zu ziehen. Zum einen haben digitale Erklärungen mit der Etablierung von eMails als gängiges Kommunikationsmittel körperliche Dokumente bereits in erheblichem Umfang abgelöst. Zum anderen werden die verschiedenen „Aggregatzustände“ schriftlicher Erklärungen in der Praxis häufig durchmischt. So speichern viele Unternehmen die ihnen zugehenden Telefaxe über ihren Server in digitaler Form. Demgegenüber werden eMails oft zur Archivierung ausgedruckt. Eine klare Trennung zwischen elektronischen und körperlichen Schriftstücken ist daher schwierig.

Die Angabepflichten gelten daher auch für Schriftstücke in elektronischer Form.[373]

---

[370] *Mutter*, GmbHR 2001, 336, 337.

[371] *Mutter*, GmbHR 2001, 336, 337.

[372] *Röhricht/Graf von Westphalen*[2]*(-Ammon)* (Fn. 85), § 37a Rn. 11.

[373] *Glanegger/Güroff/Kirnberger/Kusterer/Peuker/Ruß/Selder/Stulfelner(-Ruß)* Heidelberger Kommentar zum Handelsgesetzbuch[6] (2002), § 37a Rn. 3; *Baumbach/Hueck*(-Zöllner) GmbHG[17] (2000) § 35a HGB Rn. 7; *Röhricht/Graf von Westphalen*[2]*(-Ammon)* (Fn. 85), § 37a Rn. 11; *Ebenroth/Boujong/Joost(-Hillmann)* (Fn. 77), § 37a Rn. 5; *Baumbach/Hopt*[31]*(-Hopt)* (Fn. 77), § 37a Rn. 4; Woitke, BB 2003, 2467, 2476; *Fezer(-Hoeren)* (Fn. 147), § 4-S13 Rn. 63.

c) Angebote als Bestellscheine

Denkbar wäre es, dass die Internetseiten, die die Artikelbeschreibung enthalten und die Möglichkeit zur Gebotsabgabe bieten, Bestellscheine darstellen. Die Seiten sind jedoch an alle Personen gerichtet, die sich für das Angebot interessieren. Solche Mitteilungen, die sich an einen unbestimmten oder nur nach allgemeinen Kriterien bestimmten Empfängerkreis richten, sind von der Angabepflicht befreit.[374] Auf die Angebotsseiten finden die Angabepflichten daher keine Anwendung.

d) Informationsschreiben der Plattform

Geschäftsbriefe der Anbieter könnten aber die Mitteilungen sein, die die Auktionsplattformen nach Abgabe eines Gebotes an die Bieter versenden. Auf diese Weise bestätigt die Auktionsplattform den Eingang eines Gebotes durch den Bieter und informiert ihn, sobald er entweder überboten wurde oder die Auktion erfolgreich beendet hat.

Problematisch ist allerdings, dass diese eMails von den Auktionsplattformen versendet werden. Möglicherweise sind die eMails den Anbietern über § 278 BGB zuzurechnen, indem die Plattformbetreiber mit der Versendung als Erfüllungsgehilfen der Anbieter gehandelt haben. Die Bestätigung der Gebotsabgabe und die Mitteilung von Übergeboten Dritter oder das erfolgreiche Beenden der Auktion entspricht nämlich den in § 312e Abs. 1 Nr. 3 BGB und § 312e Nr. 2 i.V.m. § 3 Nr. 1 BGB-InfoV normierten Nebenpflichten der Anbieter. Auf der anderen Seite knüpfen die gewerblichen Informationspflichten an die objektive Tatsache an, dass es sich um Geschäftsbriefe der Normadressaten handelt. Dies ist nur dann der Fall, wenn die Normadressaten die Briefe im eigenen Interesse versendet haben. Die in § 278 BGB normierte Verschuldenszurechnung ist nicht geeignet, diesen objektiven Zusammenhang herzustellen. Die eMails der Auktionsplattformen gelten daher nicht als Geschäftsbriefe der Anbieter.

---

[374] *Röhricht/Graf von Westphalen*[2]*(-Ammon)* (Fn. 85), § 37a Rn. 13; *Glanegger/Güroff/Kirnberger/Kusterer/Peuker/Ruß/Selder/Stulfelner*[6]*(-Ruß)* (Fn. 373), § 37a HGB Rn. 4.

e) Zusammenfassung

Die geschäftlichen Pflichtangaben aus § 80 AktG, § 35a GmbHG, §§ 125a, 37a HGB und § 15b GewO haben daher für Artikelbeschreibungen in Online-Auktionen für die Anbieter keine Bedeutung.

6) Zusammenfassung der Informationspflichten

Gesetzliche Informationspflichten folgen für die Anbieter im Rahmen der Artikelbeschreibung vor allem aus § 312e, bei Angeboten an Verbraucher (B2C) auch aus § 312c Abs. 1 BGB und - nach der hier vertretenen Auffassung – aus § 1 PAngV. Weitere Kennzeichnungspflichten ergeben sich weder aus dem Teledienstegesetz, noch aus den für Gewerbebetriebe, Kaufleute oder juristische Personen geltenden Spezialvorschriften.

Ein Großteil der daraus resultierenden Pflichtinformationen wird in der Praxis von den Betreibern der Plattformen erbracht. Dies gilt vornehmlich für die notwendigen Erläuterungen der zum Vertragsschluss führenden Schritte. Sache der Anbieter ist es, bereits in der Artikelbeschreibung ihre Identität, Anschrift und gegebenenfalls Informationen über Registereintragungen anzugeben. Darüber hinaus ist auf den geschäftlichen Zweck des Angebots hinzuweisen. Auch weitere Details des Vertrages, das Bestehen oder Nichtbestehen eines Widerrufsrechts und die Bedingungen von Gewährleistungs- und Garantierechten müssen in die Beschreibung aufgenommen werden. Wenn möglich sind ferner die Versandkosten anzugeben, zumindest aber die Grundlagen zur Berechnung der Höhe dieser Kosten. Im Übrigen dürfen den Verbrauchern über die Artikelbeschreibungen keine weiteren Nebenkosten auferlegt werden.

II) Bezeichnung als „Auktion“ oder „Versteigerung“

Die Bezeichnung von Auktionsangeboten als Auktionen oder Versteigerungen könnte gegen das Verbot irreführender Werbung verstoßen, §§ 3, 5 Abs. 1 UWG. Diese Begriffe werden von den Betreibern von Plattformen für Aufwärtsauktionen oft als Zusatz in den Namen der Plattform aufgenommen. In ihrer Bedeutung unterscheiden sich die Begriffe nicht voneinander, sondern werden im allgemeinen Sprachgebrauch synonym verwendet.[375] Voraussetzung

[375] http://de.wikipedia.org/wiki/Auktion (16. September 2005).

ist, dass die Bezeichnung eine irreführende Werbung der Anbieter darstellt, § 5 Abs. 1 UWG.

1) Werbung der Anbieter

Werbung ist jede im Rahmen einer unternehmerischen Tätigkeit mit dem Ziel geäußerte Angabe, den Absatz von Waren oder die Erbringung von Dienstleistungen zu fördern.[376] Der Name und die funktionale Bezeichnung eines Unternehmens stellen als besonders exponierte Beschreibungen Werbung im Sinne des § 5 UWG dar.[377] Da aber der Plattformbetreiber und nicht der einzelne Anbieter die Bezeichnung seines Unternehmens veranlasst, stellt sich die Frage, ob diese Werbung den Auktionsanbietern zugerechnet werden kann. Dies wäre der Fall, wenn aus der Sicht des durchschnittlich informierten, aufmerksamen und verständigen Umworbenen in der jeweiligen Situation der Eindruck entsteht, dass der Unternehmer die Angabe des Dritten als eigene will.[378] Die einzelnen Angebotsartikel und die Auktions-Plattform sind optisch und inhaltlich stark miteinander verwoben. Insbesondere werden die Angebotsartikel in der Regel als Teilfenster innerhalb eines von der Auktionsplattform vorgegebenen Rahmens[379] dargestellt, so dass Artikel und Plattformoberfläche stets zusammen auf dem Bildschirm zu sehen sind und nach außen daher als zusammengehörig erscheinen. Obwohl der Durchschnittsverbraucher weiß, dass die Artikelanbieter nicht mit dem Plattformbetreiber identisch sind, muss er aufgrund dieser einheitlichen Erscheinung von Angebot und Plattform davon ausgehen, dass der Anbieter die Darstellungen des Plattformbetreibers als eigene Werbung nutzt.

2) Irreführung

Irreführend ist eine Werbung, die geeignet ist, bei dem Durchschnittsverbraucher eine mit der Realität nicht übereinstimmende Vorstellung hervorzurufen,[380]

---

[376] Art. 2 Nr. 1 der Richtlinie 84/450/EG des Rates vom 10. September 1984 über irreführende und vergleichende Werbung, ABl. EG 1984 L 250/17,

[377] *Hefermehl/Köhler/Bornkamm*[24]*(-Bornkamm)* (Fn. 51), § 5 UWG Rn. 2.40.

[378] *Harte-Bavendamm/Henning-Bodewig(-Dreyer)* (Fn. 145), § 4 UWG Rn. 46, § 5 Rn. 165 mit Verweis auf BGH 17.11.1960, GRUR 1961, 189, 191 - Rippenstreckmetall; 13.2.2003, GRUR 2003, 800, 801 - Schachcomputerkatalog.

[379] So genanntes Frameset.

[380] *Hefermehl/Köhler/Bornkamm*[24]*(-Bornkamm)* (Fn. 51), § 5 UWG Rn. 2.65; *Fezer(-Pfeifer)* (Fn. 147), § 5 Rn. 185; *Köhler/Piper*[3]*(-Piper)* (Fn. 146), § 3 UWG Rn. 106 mit Hinweis

die von Bedeutung für eine Marktentscheidung ist.[381] Zu klären ist daher, ob der Durchschnittsverbraucher mit den Begriffen Versteigerung oder Auktion eine Vorstellung verbindet, die auf Online-Auktionen nicht zutrifft.

Für die Ermittlung eines vorherrschenden Versteigerungsbegriffs sind die juristischen Definitionen allerdings wenig hilfreich. Zum einen existiert kein einheitlicher juristischer Versteigerungsbegriff;[382] unter Berücksichtigung des jeweiligen Normzweckes wird der Begriff in der Gewerbeordnung, der Versteigerungsverordnung, der Preisangabenverordnung, in § 156 BGB und in § 312d Abs. 4 Nr. 5 BGB jeweils unterschiedlich verstanden. Zum anderen ist nicht zu erwarten, dass die juristischen Definitionen dem Verbraucher im Einzelnen bekannt sind.[383]

Statt aus juristischen Definitionen ist der beim Durchschnittsverbraucher bestehende Versteigerungsbegriff aus dem allgemeinen Sprachverständnis zu entwickeln. Danach ist die prägendste Eigenschaft von Auktionen und Versteigerungen der Mechanismus einer flexiblen Preisfindung durch gegenseitiges Überbieten.[384] Dieser Mechanismus ist auch bei Online-Auktionen uneingeschränkt gegeben. Fraglich ist allerdings, ob der Durchschnittsverbraucher mit Versteigerungen oder Auktionen auch das Vorhandensein eines Auktionators und die Beendigung durch Zuschlag verbindet. Anzunehmen ist jedenfalls, dass vor dem Bekanntwerden der Online-Auktionen Ende der neunziger Jahre Auktionator und Zuschlag in der Vorstellung des Durchschnittsverbrauchers zu einer Versteigerung dazu gehörten. Da ein Verkehrsverständnis jedoch wandelbar ist und die Online-Auktion als erfolgreichstes Geschäftsmodell im Internet eine erhebliche Bekanntheit erreicht hat,[385] kann diese Annahme für die Gegenwart nicht uneingeschränkt Bestand haben. Hinzu kommt der Umstand, dass eine Werbung stets in ihrem gesamten Erscheinungsbild zu bewerten ist.[386] Hierzu

---

auf BGH 11.5.1954, BGHZ 13, 244, 253 - Cupresa; 5.5.1983, GRUR 83, 512, 513 - Heilpraktikerkolleg; 27.4.1995, GRUR 95, 612, 613 f. - Sauerstoff-Mehrschritt-Therapie.

[381] *Fezer(-Pfeifer)* (Fn. 147), § 5 Rn. 185; BGH 6.6.1980, GRUR 1981, 71, 73 - Lübecker Marzipan; 13.1.2000, GRUR 2000, 914, 915 - Tageszulassung II; teilweise wird die Erheblichkeit als eigenständiger Prüfungspunkt behandelt: *Harte-Bavendamm/Henning-Bodewig*(-Dreyer) (Fn. 145), § 4 UWG Rn. 46, § 5 Rn. 213 ff.

[382] *Schrader*, MMR 2001, 767; *Ernst*, in: *Spindler/Wiebe*, Internet-Auktionen und Elektronische Marktplätze (2005), 2. Kapitel, Rn.4.

[383] *Schulze* (Fn. 158), 137.

[384] *Schrader*, MMR 2001, 767 f..

[385] Oben Fn. 156.

[386] *Köhler/Piper*[3]*(-Piper)* (Fn. 146), § 3 UWG Rn. 108; *Harte-Bavendamm/Henning-Bodewig(-Dreyer)* (Fn. 145), § 4 UWG Rn. 46, § 5 Rn. 252.

gehört bei den Online-Auktionen notwendigerweise die Information, dass die als Auktion oder Versteigerung bezeichnete Veranstaltung im Internet stattfindet. Für den Durchschnittsverbraucher ist es aber bereits aus technischen Gründen offensichtlich, dass sich eine Auktion im Internet erheblich von einer klassischen Versteigerung unterscheidet. Aus diesem Grunde bestehen erhebliche Zweifel daran, ob der Durchschnittsverbraucher auch bei Online-Auktionen die Merkmale des Zuschlags und der Leitung durch einen Auktionator erwartet.[387]

Darüber hinaus wäre Irreführung über diese Auktionsmerkmale wettbewerbsrechtlich nicht erheblich. Da die Bieter sowohl über die Geschäftsbedingungen als auch über die Pflichtinformationen[388] rechtzeitig vor Abgabe eines Gebotes über den Auktionsablauf unterrichtet werden, könnten Fehlvorstellungen über die Beteiligung eines Auktionators und die Beendigung durch Zuschlag die Entscheidungen der Interessenten allenfalls mittelbar beeinflussen. Eine mittelbare Relevanz eines Irrtums für den Vertragsschluss ist aber nur dann erheblich, wenn sie im Einzelfall eine gesteigerte Bedeutung besitzt.[389] Davon kann aber vorliegend keine Rede sein. Ob ein Rechtsgeschäft durch Zuschlag oder aber durch Zeitablauf abgeschlossen wird, dürfte für den Durchschnittsverbraucher nicht von größerer Bedeutung sein; und auch die erhoffte Beteiligung eines Auktionators tritt als Motiv für ein Aufrufen der Auktionsangebote gegenüber den mit dem erhofften Angebot verbundenen Motiven deutlich zurück.

3) Ergebnis

Die Bezeichnung der Online-Auktionen als Versteigerungen oder Auktionen stellt keine irreführende Werbung und somit auch keine unlautere Wettbewerbshandlung dar.[390]

III) Nichtangabe der Unternehmereigenschaft

Das Fehlen eines Hinweises auf die Unternehmereigenschaft des Anbieters könnte eine irreführende Werbung gemäß §§ 3, 5 Abs. 1 UWG darstellen. Da der Unternehmer gemäß § 312c Abs. 1 S. 1 Nr. 2 BGB ausdrücklich verpflichtet

---

[387] *v. Welser*, ZUM 2000, 472, 474, 475.
[388] Oben 4. Teil B) I) 3) c).
[389] *Hefermehl/Köhler/Bornkamm*[24](*-Bornkamm*) (Fn. 51), § 5 UWG Rn. 2.196.
[390] So auch OLG Frankfurt a.M., NJW 2001, 1434, 1435; KG, CR 2002, 47, 49; LG Wiesbaden, NJW-CoR 2000, 171, 172.

ist, das Vorliegen eines geschäftlichen Zwecks anzugeben, liegt in diesen Fällen jedenfalls ein Verstoß gegen § 4 Nr. 11 UWG vor. Ob die Nichtangabe aber auch eine unlautere Irreführung des Verkehrs auszulösen geeignet ist, wird unterschiedlich gesehen.

1) Werbung

Unzweifelhaft handelt es sich bei den Artikelbeschreibungen um Werbung im Sinne des § 5 UWG. Insbesondere kommt es nicht auf die Frage an, ob es sich bei der Nichtangabe um ein Unterlassen oder um ein konkludentes Vorspiegeln falscher Tatsachen handelt,[391] da das Merkmal des Unterlassens aufgrund der eindeutigen Angabepflicht aus § 312c Abs. 1 S. 1 Nr. 2 BGB klar erfüllt wäre.[392]

2) Irreführung

Nach Auffassung des Landgerichts Osnabrück ist dieses Unterlassen im Rahmen von Online-Auktionen jedoch nicht geeignet, eine Fehlvorstellung hervorzurufen. Da es üblich und bekannt sei, dass sich an Online-Auktionen neben Privatanbietern auch Unternehmer beteiligen, könne die Nichtangabe keine Irreführung des Verbrauchers bewirken.[393] Hiergegen wenden andere ein, dass der Bundesgerichtshof die Möglichkeit der Irreführung durch das Fehlen eines Hinweises auf die Unternehmereigenschaft im Zusammenhang mit Printanzeigen ausdrücklich anerkannt hat.[394] Die aus dieser Entscheidung hervorgehenden Grundsätze fänden auch auf Online-Auktionen Anwendung.[395]

Ungeachtet der Frage, ob die Rechtsprechung des Bundesgerichtshofs auf Online-Auktionen übertragbar ist, folgt die Eignung zur Täuschung daraus, dass der Gesetzgeber inzwischen die Angabe des Vorliegens eines geschäftlichen Zweckes in § 312c BGB für jeden Unternehmer zur Pflicht gemacht hat.[396] Deshalb wird der Durchschnittsverbraucher aus dem Fehlen eines solchen Hinweises die Schlussfolgerung ziehen, dass es sich um ein Privatgeschäft handelt.

---

[391] Zu den Problemen der Zuordnung: *Fezer(-Pfeifer)* (Fn. 147), § 5 Rn. 182.

[392] Eine handlungsgleiches Unterlassen setzt eine Handlungspflicht voraus: *Fezer(-Pfeifer)* (Fn. 147), § 5 Rn. 182.

[393] LG Osnabrück 6.11.2002, CR 2003, 293.

[394] *Kaestner/Tews*, WRP 2004 , 391, 394.

[395] *Kaestner/Tews*, WRP 2004 , 391, 394.

[396] Münchener Kommentar zum BGB(*-Wendehorst*), IIa: §§ 241-432 BGB[4] (2003) § 312c Rn. 70; *Palandt/Bassenge*[65]*(-Grüneberg)* (Fn. 70), § 312c BGB Rn. 4.

Eine andere Frage ist aber, ob ein solcher Irrtum auch erheblich wäre. Nach Ansicht des Oberlandesgerichts Oldenburg schließt das auf gegenseitigem Überbieten beruhende Preisfindungssystem der Online-Auktionen die Möglichkeit einer Auswirkung auf die Entscheidung des Verbrauchers aus.[397] Nach anderer Ansicht wirkt sich die Kenntnis des Unternehmerstatus nicht nur auf die Preisbildung, sondern auch auf das dem Angebot entgegengebrachte Vertrauen aus und kann daher durchaus die Kaufentscheidung beeinflussen.[398]

Festzustellen ist zunächst, dass § 5 Abs. 2 Nr. 3 UWG die geschäftlichen Verhältnisse explizit als zu berücksichtigende Bestandteile der Werbung nennt. Der Gesetzgeber misst den Angaben über die geschäftlichen Verhältnisse somit grundsätzlich die Eignung zu, für Marktentscheidungen erheblich zu sein. Im Hinblick auf die Preisfindung im Rahmen von Online-Auktionen kann dies allerdings nicht gelten. Eine Beziehung zwischen dem geforderten Preis und den Verhältnissen und Motiven des Anbieters ist bei Online-Auktion ausschließlich bei der Festsetzung des Startpreises gegeben. Der Startpreis hat jedoch nur in wenigen Fällen Auswirkungen auf den später erzielten Endpreis. Sobald mehr als ein Bieter vorhanden ist, haben die Motive des Anbieters eine ebenso geringe Bedeutung auf das Bietverhalten eines Interessenten wie die Motive des Mitbieters. Eine über die preisliche Bewertung hinausgehende Bedeutung besitzt auch das Vertrauen des Bieters in das Angebot nicht. Eine erhebliche Bedeutung hat die Kenntnis der Unternehmereigenschaft aber für Bestehen und Durchsetzung der gesetzlichen Rechte des Bieters. Dies betrifft zuerst das nach überwiegender Ansicht auch im Rahmen von Online-Auktionen bestehende Widerrufsrecht.[399] Weitere Vorteile für den Verbraucher beinhalten die für den Verbrauchsgüterkauf geltenden Regelungen der §§ 474 ff. BGB. Jedoch kann sich die Unkenntnis dieser für den Verbraucher günstigen Umstände nicht auf den Kaufentschluss auswirken. Eine Auswirkung im Sinne eines am Schutzzweck orientierten Normverständnisses kann nur das Erzeugen eines Anreizes zum Vertragsschluss sein.[400] Die Unkenntnis der für den Interessenten günstigen Verbraucherrechte wäre aber allenfalls geeignet, ihn vom Vertragsschluss abzuhalten. Somit würde sich ein Irrtum über die Unternehmereigenschaft des Anbieters in keinem Fall erheblich auf die Entscheidung des Bieters auswirken.

---

[397] OLG Oldenburg 20.1.2003, MMR 2003, 270.

[398] *Kaestner/Tews*, WRP 2004, 391, 395.

[399] Vgl. unten 4. Teil B) IV) 1).

[400] *Hefermehl/Köhler/Bornkamm*[24](*-Bornkamm*) (Fn. 51), § 5 UWG Rn. 2.169.

3) Ergebnis

Mangels Eignung, eine entscheidungserhebliche Irreführung hervorzurufen, stellt das Verschweigen der Unternehmereigenschaft keine unlautere Irreführung gemäß §§ 3, 5 UWG dar.

IV) Information über das Bestehen eines Widerrufsrechts

Gemäß § 312c Abs. 1 BGB i.V.m. § 1 Abs. 1 Nr. 10 BGB-InfoV ist der Unternehmer verpflichtet, den Verbraucher über das Bestehen eines Widerrufsrechts aufzuklären. Für Verträge mit anderen Unternehmern (B2B) gilt dies nicht. Ein Verstoß gegen die Aufklärungspflicht könnte die Unlauterkeitstatbestände des Rechtsbruchs (§ 4 Nr. 11),[401] des Ausnutzen der Rechtsunkenntnis der Verbraucher (§ 4 Nr. 2 UWG)[402] sowie der Irreführung[403] (§ 5 UWG) erfüllen. Nicht nur theoretisch umstritten, sondern auch mit erheblichen praktischen Folgen für die Online-Auktionen verbunden, ist aber die Frage, ob bei gewerblichen Online-Auktionen ein Widerrufsrecht aus § 312d Abs. 1 BGB zu Gunsten des Verbrauchers überhaupt besteht. Nach dieser Norm sind „Versteigerungen (§ 156 BGB)“ von dem fernabsatzrechtlichen Widerrufsrecht ausgenommen. Ob dies aber auch für Online-Auktionen gilt, ist Gegenstand einer lebendigen Diskussion.

1) Meinungsstand

Bis Ende 2004 standen sich die Vertreter beider Ansichten sowohl in Rechtsprechung als auch in der juristischen Literatur ungefähr gleichgewichtig gegenüber.

Nach Ansicht der Befürworter eines Widerrufsrechtes handelt es sich bei dem Normalfall der Online-Auktionen nicht um eine Versteigerung im Sinne des § 156 BGB, da es an der die Auktion kennzeichnenden Mitwirkung eines Aukti-

[401] BGH 25.10.1989, GRUR 1990, 46, 47 f. - Heizgeräte-Vertrieb; 24.11.1999, GRUR 2000, 731, 733 - Sicherungsschein; OLG Frankfurt 17.4.2001, MMR 2001, 529; LG Magdeburg 29.8.2002, GRUR-RR 2003, 55.

[402] BGH 7.5.1986, GRUR 1986, 816, 818 - Widerrufsbelehrung bei Teilzahlungskauf; 17.5.1989, GRUR 1989, 669, 672 - Zahl nach Wahl; 15.3.1990, GRUR 1990, 1016, 1018 - Sprachkurs; 16.11.1995, WRP 1996, 204, 206 - Widerrufsbelehrung III; 25.10.2001, GRUR 2002, 717, 720 - Postfachanschrift; 31.10.2002, WRP 2003, 266, 267 - Widerrufsbelehrung IV.

[403] LG Magdeburg 29.8.2002, GRUR-RR 2003, 55.

onators und an dem nach § 156 BGB erforderlichen Zuschlag fehle.[404] Zudem sei der Schutzzweck des Widerrufsrechts bei Online-Auktionen infolge der dort üblichen Verwendung von Pseudonymen in einem noch größeren Maße gegeben als bei anderen Fernabsatzgeschäften.[405] Durch die ausdrückliche Nennung des § 156 BGB habe der Gesetzgeber klar gestellt, dass nur Versteigerungen, die durch einen Zuschlag beendet werden, von § 312d Abs. 4 Nr. 5 BGB erfasst werden sollen.[406] Anderenfalls würde eine Umgehung des Widerrufsrechts der übrigen Fernabsatzgeschäfte drohen.[407] Mangels Regelungslücke sei auch für eine analoge Anwendung des § 312d Abs. 4 Nr. 5 BGB auf den Normalfall der Online-Auktionen kein Raum.[408]

Mit Urteil vom 3. November 2004[409] entschied der Bundesgerichtshof, dass die Ausnahmeregel des § 312d Abs. 4 Nr. 5 BGB auf den Normalfall der Online-Auktionen weder direkt noch analog anwendbar sei.[410] Sowohl der Gesetzeswortlaut als auch die Systematik, die Gesetzesmaterialien und der Sinn und Zweck der Vorschrift würden diese Auffassung tragen.[411] So zwinge die ausdrückliche Bezugnahme der Ausnahmeregel auf den § 156 BGB und die Formulierung „in Form“ dazu, tatsächlich nur die Versteigerungen gemäß § 156 BGB unter die Ausnahmevorschrift zu fassen, auch wenn umgangssprachlich noch andere Versteigerungsformen anerkannt sind.[412] Der Normalfall einer Online-Auktion sei aber gerade keine Versteigerung gemäß § 156 BGB, da der Vertragsschluss nicht durch Zuschlag, sondern ausschließlich aufgrund von antizipiertem Angebot und Annahme durch das bei Zeitablauf aktuelle Gebot erfolge.[413] Dies sei rechtstechnisch etwas gänzlich anderes als die Versteigerung im Sinne des § 156 BGB, wovon weder über ein anderes Normverständnis, noch im Wege der Annahme eines in dem Zeitablauf liegenden fiktiven Zuschlages

[404] LG Hof 26.4.2002, JurPC Web-Dok. 368/2002, Abs. 1 - 9; LG Offenburg, 8.10.2002, Az. 1 S 89/02 (unveröffentlicht); LG Memmingen 23.6.2004, NJW 2004, 2389, 2390 f.; LG Konstanz 28.7.2004, MMR 2005, 54, 55; AG Schwäbisch Gmünd, 23.7.2002, JurPC Web-Dok. 46/2004.

[405] LG Memmingen 23.6.2004, NJW 2004, 2389, 2390 f..

[406] AG Itzehoe 18.5.2004, MMR 2004, 637 f., AG Kehl 19.4.2002, Az. 4 C 716/01 (unveröffentlicht); *Hoeren/Müller*, NJW 2005, 948, 949; AG Schwäbisch Gmünd 23.7.2002, JurPC Web-Dok. 46/2004; *Kaestner/Tews*, WRP 2004, 509, 510 f..

[407] *Hoeren/Müller*, NJW 2005, 948, 949.

[408] *Staudinger/Schmidt-Bendun*, BB 2005, 732, 734.

[409] BGH 3.11.2004, NJW 2005, 53.

[410] BGH 3.11.2004, NJW 2005, 53, 54.

[411] BGH 3.11.2004, NJW 2005, 53, 54.

[412] BGH 3.11.2004, NJW 2005, 53, 54.

[413] BGH 3.11.2004, NJW 2005, 53, 54.

abgewichen werden könne.[414] Eine Erweiterung dieses klar definierten Anwendungsbereichs der Ausnahmevorschrift würde zudem gegen das Gebot, Ausnahmevorschriften stets eng auszulegen, verstoßen.[415] Schließlich würden auch die Gesetzesmaterialien eine enge Auslegung der Ausnahmevorschrift vorgeben. So sei die Erwähnung des § 156 BGB erst aufgrund einer konkreten Erwägung des Rechtsausschusses des Bundestages erfolgt, der auf diese Weise eine Stärkung der Verbraucherrechte herbeizuführen beabsichtigte.[416] Darüber hinaus stehe auch die Schutzbedürftigkeit der Käufer in Online-Auktionen derjenigen von Käufern in anderen Online-Geschäften in keiner Weise nach.[417]

Demgegenüber vertreten die Befürworter einer Ausnahmeregelung die Auffassung, dass der bei dem Normalfall der Online-Auktionen für den Vertragsschluss entscheidende Zeitablauf einem Zuschlag durch einen Auktionator gleichstehe.[418] Vor allem handele es sich bei § 156 BGB um eine dispositive Vorschrift, die nicht als absolute Definition des zivilrechtlichen Versteigerungsbegriffes dienbar gemacht werden könne.[419] Umgekehrt eigne sich die mit anderen Online-Geschäften vergleichbare Schutzbedürftigkeit der Käufer bei Online-Auktionen nicht als Argument für ein Widerrufsrecht, da diese Vergleichbarkeit auch bei Auktionen im Sinne des § 156 BGB gegeben sei.[420] Auch die Interessenslage, nämlich die Parität zwischen dem Preisrisiko des Anbieters und dem Risiko der begrenzten Produktinformationen auf Seiten des Bieters entspreche dem einer Versteigerung im Sinne des § 156 BGB.[421] Ein Widerrufsrecht würde ein strategisches Mitbieten auf verschiedene Auktionen provozieren und damit den funktionierenden Wettbewerb zwischen den Bietern nachhaltig stören.[422] Teilweise wird das Gebot, Online-Auktionen von dem Widerrufsrecht auszunehmen, bereits der Fernabsatzrichtlinie entnommen.[423]

---

[414] BGH 3.11.2004, NJW 2005, 53, 54.
[415] BGH 3.11.2004, NJW 2005, 53, 54.
[416] BGH 3.11.2004, NJW 2005, 53, 55.
[417] BGH 3.11.2004, NJW 2005, 53, 56.
[418] AG Osterholz-Scharmbeck 23.8.2002, JurPC Web-Dok. 330/2003; AG Bad Hersfeld 22.3.2004, MMR 2004, 500.
[419] *Obergfell*, MMR 2005, 495, 498; *Mankowski*, JZ 2005, 444, 447, der die Anwendung des § 312d Abs. 4 Nr. 5 aber ablehnt.
[420] *Spindler*, MMR 2005, 40, 42.
[421] AG Osterholz-Scharmbeck 23.8.2002, JurPC Web-Dok. 330/2003.
[422] *Spindler*, MMR 2005, 40, 42.
[423] *Lettl*, JuS 2002, 219, 222.

2) Stellungnahme

Ausgang der Überlegungen muss die Frage sein, ob § 312d Abs. 4 Nr. 5 BGB so zu verstehen ist, dass auch der Normalfall der Online-Auktionen darunter subsumiert werden kann. Nur wenn diese Frage verneint wird, ist anschließend zu untersuchen, ob eine analoge[424] Anwendung der Norm auf Online-Auktionen möglich und geboten wäre.

a) Wortlaut und Systematik

Wortlaut und Systematik des § 312d Abs. 4 Nr. 5 BGB sprechen gegen eine Anwendung der Ausnahmeregelung auf Online-Auktionen und geben daher den Befürwortern eines Widerspruchrechts Recht. Schließlich ist das Zitat des Versteigerungsparagraphen innerhalb der Ausnahmevorschrift das Gegenteil eines konturenarmen Merkmals. Dem Wortlaut nach ist nicht irgendeine Versteigerung vom Widerrufsrecht ausgenommen, sondern nur die in § 156 BGB geregelte. Diese Norm selbst ist nicht weniger eindeutig. Ihr wichtigstes Merkmal ist die Abgabe eines Zuschlags. Satz 2 dieser Vorschrift, demzufolge die Versteigerung auch ohne die Abgabe eines Zuschlages beendet werden kann, stellt klar, dass es sich hierbei um die Willenserklärung eines am Verkauf selbst nicht beteiligten Dritten handeln muss.[425] Bei der nicht live durchgeführten Online-Auktion gibt es aber weder Auktionator, noch Zuschlag.[426] Der dort praktizierte Vertragsschluss über eine antezipierte Willenserklärung hat rechtstechnisch mit § 156 BGB nichts gemein.[427] Wenig Sinn macht es daher auch, § 156 BGB dahin auszudehnen, dass er auch Vertragsschlüsse ohne Zuschlag erfasst.[428] Mit der Disponibilität dieses wichtigsten Merkmals würde § 156 BGB inhaltsleer. Schließlich liegt der Zweck dieser Vorschrift nicht in der Definition des Versteigerungsbegriffes, sondern in der Regelung des Vertragsschlusses im Rahmen einer (klassischen) Versteigerung. Da § 156 BGB ohne Zuschlag also keinen Sinn macht, Online-Versteigerungen aber ohne Zuschlag funktionieren,

---

[424] Diese ist grundsätzlich auch bei Ausnahmevorschriften möglich: *Heck* Gesetzesauslegung, 186 ff.; *Enneccerus/Nipperdey/Wolff*, Lehrbuch des bürgerlichen Rechts, Bd. 1: Allgemeiner Teil des bürgerlichen Rechts: ein Lehrbuch, Halbbd. 1: Allgemeine Lehren, Personen, Rechtsobjekte (1959), § 48 I 2 (297); *Larenz/Canaris* (Fn. 134), 355; *Heller*, Logik und Axiologie der analogen Rechtsanwendung (1961), 80, 88 f..

[425] MünchKomm BGB[4](*-Kramer*) (Fn. 70), § 156 BGB Rn. 4.

[426] Oben 2. Teil E) II).

[427] BGH 7.11.2001, BGHZ 149, 129, 133.

[428] So aber AG Osterholz-Scharmbeck 23.8.2002, JurPC Web-Dok. 330/2003; AG Bad Hersfeld 22.3.2004, MMR 2004, 500.

liegt das im Wortlaut des § 312d Abs. 4 Nr. 5 BGB genannte Merkmal einer Versteigerung nach § 156 BGB bei Online-Auktionen nicht vor.

Die Richtigkeit des systematischen Arguments ist ebenfalls offensichtlich: § 312d BGB enthält in Absatz 4 Ausnahmen von der in Absatz 1 genannten Regel. Ausnahmen sind aber grundsätzlich eng auszulegen, da sie anderenfalls die Regel in Frage stellen würden.[429] Dies gilt auch für das Verständnis des Versteigerungsbegriffes.

b) Normzweck und Normhistorie

Wortlaut und Systematik verlieren an Gewicht, wenn klar wird, dass der Gesetzgeber etwas anderes gewollt als ausgedrückt hat.[430] Maßgeblich ist daher darauf abzustellen, welches Normverständnis dem vom Gesetzgeber verfolgten und in der Gesetzeshistorie erkennbaren Zweck entspricht. Die Frage ist also, ob die Anwendung des Widerrufsrechts auf den heute verbreiteten Normalfall der Online-Versteigerungen den ursprünglichen gesetzgeberischen Motiven entspricht.

Gesetzliche Anknüpfung der das Widerspruchsrecht befürwortenden Ansichten ist die ausdrückliche Benennung von § 156 BGB. Es spricht sehr viel dafür, dass die Subsumierbarkeit von Online-Auktionen unter die Ausnahmevorschrift des § 312d Abs. 4 Nr. 5 BGB ohne die Nennung des § 156 BGB außer Frage stünde. Da kein einheitlicher Versteigerungsbegriff existiert,[431] wäre zwar auch ohne sie nur eine konturenarme Vorstellung davon gegeben, was eine Versteigerung in diesem Zusammenhang ist, jedoch stünde dann wohl außer Zweifel, dass der Gesetzgeber bei der Regelung von Versteigerungen im Zusammenhang mit Fernabsatzgeschäften vor allem auch die schon während der Erstellung des Gesetzesentwurfes als Erfolgsmodell der New Economy bekannten Online-Versteigerungen vor Augen gehabt hätte.

Daher lässt sich die Suche nach den Gesetzesmotiven auf die Frage begrenzen, ob der Gesetzgeber mit der Benennung von § 156 BGB eben diese Online-Versteigerungen von der Ausnahmeregelung ausnehmen wollte. Die Benennung dieser Norm hat erst über die Beschlussempfehlung des Rechtsausschusses Zu-

---

[429] MünchKomm BGB^4(-*Säcker*) (Fn. 70), Einleitung Rn. 102.

[430] Vgl. *Zöllner*, FS Tübinger Juristenfakultät (1977), 131, 143 f.; *Larenz/Canaris* (Fn. 134), 333 ff..

[431] *Schrader*, MMR 2001, 767, 768.

gang zu § 312d BGB gefunden.[432] Der ursprüngliche Gesetzesentwurf sprach lediglich von Versteigerungen, ohne diesen Begriff zu konkretisieren.[433] Die Begründung der Beschlussempfehlung verrät, dass der Rechtsausschuss keine inhaltliche Änderung hinsichtlich des Versteigerungsbegriffes, sondern lediglich eine Klarstellung erreichen wollte.[434] Klarzustellen war nach Ansicht des Rechtsausschusses, dass nur solche Verkaufsveranstaltungen, bei denen das höchste Gebot für den Anbieter verbindlich ist, Versteigerungen im Sinne der Ausnahmeregelung sein können.[435] So sei zwischen zwei Arten von Versteigerungen im umgangssprachlichen Sinne zu differenzieren. Auf der einen Seite stünden Versteigerungen gemäß § 156 BGB, die über den Zuschlag des Auktionators zu einem verbindlichen Vertragsschluss führen, auf der anderen Seite die im Internet verbreitete Praxis des Vertragsschlusses gegen Höchstgebot, bei der die Verbindlichkeit des Vertrages erst über eine Annahmeerklärung des Verkäufers nach Auktionsende hergestellt wird.[436] Während die Funktionsweise der erstgenannten von einem Widerrufsrecht aufgehoben werden würde, wäre beim Vertragsschluss gegen Höchstgebot eine Ausnahme vom Widerrufsrecht unbillig, da der Verbraucher seinerseits bis zur Annahmeerklärung durch den Anbieter nicht auf das Zustandekommen des Vertrages vertrauen könne.[437] Maßgebliches Kriterium für die Anwendung der Ausnahmeregelung war nach Ansicht des Rechtsausschusses also die Verbindlichkeit des höchsten Gebotes für den Verkäufer. Ziel des Änderungsvorschlags war es, die Geltung des Widerrufsrechts für rechtlich unverbindliche Preisgestaltungsprozeduren zu gewährleisten.

Die Voraussetzungen für das Vorliegen dieser entscheidenden Verbindlichkeit haben sich jedoch seit der Beschlussempfehlung des Rechtsausschusses des Deutschen Bundestages wesentlich geändert. Während die Verbindlichkeit der durch Zuschlag beendeten Versteigerungen aufgrund der gesetzlichen Regelung außer Frage stand, hat die Rechtsprechung in Bezug auf die Verbindlichkeit der Vertragsschlüsse in Online-Auktionen einen kurvigen Meinungsbildungsprozess durchlaufen. So prägte die Rechtsprechung zur Zeit der Beschlussempfehlung noch die Auffassung, dass das Höchstgebot für den Anbieter zumindest dann, wenn nicht mindestens der marktübliche Preis erzielt wird, unverbindlich sei.[438]

---

[432] Beschlussempfehlung und Bericht des Rechtsausschusses (6. Ausschuss) (Fn. 68), 6, 30.
[433] Bundestagsdrucksache 14/2658 S. 4.
[434] Beschlussempfehlung und Bericht des Rechtsausschusses (6. Ausschuss) (Fn. 68), 30.
[435] Beschlussempfehlung und Bericht des Rechtsausschusses (6. Ausschuss) (Fn. 68), 30.
[436] Beschlussempfehlung und Bericht des Rechtsausschusses (6. Ausschuss) (Fn. 68), 30.
[437] Beschlussempfehlung und Bericht des Rechtsausschusses (6. Ausschuss) (Fn. 68), 30.
[438] LG Münster 21.1.2000, JZ 2000, 730, 731.

Mit der zwei Jahre später getroffenen Revisionsentscheidung[439] des Bundesgerichtshofes setzte sich jedoch die gegenteilige Auffassung durch. Danach stellt bereits die Veröffentlichung der Versteigerungsanzeige eine verbindliche, antezipierte Annahmeerklärung des bei Zeitablauf höchsten Angebotes dar, wenn dies in den Allgemeinen Geschäftsbedingungen zwischen Anbieter und Plattformbetreiber so vorgesehen ist.[440]

Während zur Zeit der Beschlussempfehlung also Online-Auktionen noch als unverbindliche Plattformen zur Ermittlung des Marktwertes galten, ist spätestens[441] seit der Entscheidung des Bundesgerichtshofes anerkannt, dass ihre rechtliche Verbindlichkeit der einer klassischen Versteigerung nicht nachsteht.[442] Tatsächlich ist die Verbindlichkeit eines Angebotes für den Anbieter in einer Online-Auktion sogar noch größer als bei der Versteigerung. Da dort nämlich der Auktionator gemäß § 156 S. 2 BGB die Möglichkeit hat, die Versteigerung auch ohne Zuschlag zu beenden, hat der Bieter auch dann keine Gewissheit, wenn er der einzige verbleibende Interessent ist. Bei der Online-Auktion weiß der Bieter hingegen, dass es jedenfalls zu einem Zuschlag kommen wird. Die Motive für die in § 312d Abs. 4 Nr. 5 BGB getroffene Ausnahmeregelung gelten somit uneingeschränkt auch für die verbreitete Form der Online-Auktionen.

c) Auflösung des Auslegungskonflikts

Während eine teleologische Auslegung also eine Ausweitung der für Versteigerungen vorgesehenen Ausnahme vom Widerrufsrecht fordert, schließt der Wortlaut Online-Auktionen, die nicht nach § 156 BGB erfolgen, von der Ausnahmevorschrift aus. Die Frage ist daher, welcher Auslegung der Vorrang gebührt. Wie bereits angedeutet, sollte vor allem der Gesetzeszweck das Verständnis einer Norm bestimmen. Während Wortlaut, Systematik und Historie formale Anhaltspunkte über den Inhalt eines Gesetzes vermitteln können, repräsentiert der Normzweck die Funktion und damit den Grund für die Existenz eines Gesetzes. Eine am Gesetzeszweck orientierte Gesetzesauslegung muss aber dort ein Ende finden, wo der Wortlaut eine Interpretation in keiner Weise mehr stützen kann.[443] Außerhalb dieser Grenze verlässt der Richter den ihm von der Legislative vorgegebenen Rahmen. Eine weitergehende Abweichung ist dem

---

[439] BGH 7.11.2001, BGHZ 149, 129, 133.
[440] BGH 7.11.2001, BGHZ 149, 129, 133, 134.
[441] Vgl. Vorinstanz OLG Hamm 14.12.2000, MMR 2001, 105 ff..
[442] BGH 7.11.2001, BGHZ 149, 129, 133.
[443] *Zippelius*, Juristische Methodenlehre[9] (2005) 47 (§ 9 II a); BVerfG 23.10.1985, BVerfGE 71, 108, 115; 20.10.1992, BVerfGE 87, 209, 224.

Richter nur im Wege der Analogie möglich,[444] dann nämlich auf Grundlage der eine Analogie fordernden höherrangigen Normen.[445] Eine solche Grenze des möglichen Wortlautes ist vorliegend erreicht. Nach keinem möglichen Wortverständnis lässt sich die Online-Versteigerung, bei der es sich wie ausgeführt, nicht um einen Vertrag nach § 156 BGB handelt, als Versteigerung im Sinne des § 156 BGB begreifen. Diese Grenze können auch die gewichtigen teleologischen Argumente nicht durchbrechen.

d) Analoge Anwendung auf Online-Auktionen

Nachdem feststeht, dass der Wortlaut der Ausnahmeregelung eine Ausweitung auf Online-Auktionen im Wege der Auslegung nicht zulässt, bleibt nur die Möglichkeit einer Analogie. Diese setzt neben der Analogiefähigkeit das Bestehen einer Regelungslücke und das auf einer vergleichbaren Interessenslage beruhende Gebot einer Gleichbehandlung des ungeregelten Falls mit einem in der Ausnahmevorschrift geregelten Sachverhalt voraus.[446]

aa) Analogiefähigkeit der Ausnahmevorschrift

Da § 312d Abs. 4 Nr. 5 BGB eine Ausnahmeregelung darstellt, wäre eine analoge Anwendung nicht möglich, wenn Ausnahmevorschriften von dieser Form der Rechtsfortbildung generell ausgeschlossen wären. Die dahingehende, vor allem auf die Rechtsprechung des Reichsgerichtes[447] zurückzuführende Ansicht, wurde inzwischen weitgehend aufgegeben.[448] Anerkannt ist vielmehr, dass auch Ausnahmevorschriften analog angewendet werden können, wenn die der Ausnahme zugrunde liegenden Motive gerade auch auf den zu regelnden Sachverhalt zutreffen.[449] Grundsätzlich wäre eine entsprechende Ausnahme vom Widerrufsrecht für Online-Auktionen daher möglich.

---

[444] *Zippelius*, Juristische Methodenlehre[9], 47 (§ 9 II a).

[445] Insbesondere Art. 3 Abs. 1 GG.

[446] *Larenz/Canaris* (Fn.134), 191 ff., 202.

[447] RG 4.12.1900, RGZ 47, 356, 360; 18.6.1932, RGZ 137, 44, 47 f.; 14.11.1936, RGZ 153, 1, 23 f..

[448] BAG 13.7.1955, BAGE 2, 91, 94; 22.2.1966, BAGE 1966, 1578.

[449] BGH 18.1.1993, NStZ 1993, 351, 352; *Schmalz*, Methodenlehre für das juristische Studium (1998) Rn. 398; MünchKomm BGB[4](-*Säcker*) (Fn. 70), Einleitung Rn. 102.

bb) Regelungslücke

Kernfrage ist, ob insoweit überhaupt eine Regelungslücke besteht. Nur wenn der Gesetzgeber den zu regelnden Sachverhalt bewusst oder unbewusst nicht in die bestehenden Normen aufgenommen hat, besteht die Möglichkeit des Richters, eigene Maßstäbe zur Entscheidung des Sachverhaltes zu entwickeln.[450] Lücken können nicht nur darin liegen, dass für den zu regelnden Fall überhaupt keine die gegenständliche Frage regelnde Norm existiert, auch beim Bestehen eines die Frage regelnden Gesetzes können Gleichbehandlungsgründe eine Korrektur des an sich vollständigen Wortlautes verlangen, [451] wenn die bestehende Regelung nicht gerade dem legislativen Willen entspricht.[452] Um einen solchen Fall könnte es sich hier handeln. Es ist keineswegs so, dass Online-Auktionen von der gesetzlichen Regelung nicht berührt werden; aufgrund der Unanwendbarkeit der Ausnahmevorschriften tritt die Regel in Kraft, dass das Widerrufsrecht anzuwenden ist. Es besteht also keine Lücke in der Gesetzesformulierung.[453] Jedoch besteht zwischen dem von der Ausnahmeregelung des § 312d Abs. 4 Nr. 5 BGB erfassten Fall der Versteigerung nach § 156 BGB und dem vorliegenden Fall einer Online-Auktion, bei der der Vertragsschluss rechtstechnisch über eine antezipierte Annahmeerklärung erfolgt,[454] eine wesentliche Gemeinsamkeit, die eine Gleichbehandlung fordert. Beide Versteigerungsformen führen dazu, dass zwischen dem Anbieter und dem Bieter ein Vertrag zu dem im Höchstgebot genannten Preis zustande kommt, ohne dass sich der Anbieter nach Auktionsende noch der Rechtsbindung entziehen könnte. Die im Hinblick auf die Ausnahmevorschrift gegebene Wesentlichkeit dieser Gemeinsamkeit geht aus den Beschlussempfehlungen des Rechtsrates deutlich hervor, in der die Endgültigkeit zum Wesensmerkmal einer Versteigerung erklärt wird.[455]

Die Materialien zeigen zudem, dass der Gesetzgeber auch keine gezielte Regelung des vorliegenden Falles getroffen hat. Zwar war ihm das Geschäftsmodell der Online-Auktionen sehr wohl bekannt,[456] aufgrund der seinerzeit vorherrschenden rechtlichen Bewertung als ein für den Anbieter unverbindliches Preisermittlungssystem stellte die Online-Auktion, die der Gesetzgeber kannte

---

[450] *Larenz/Canaris* (Fn. 134), 191 ff..

[451] *Zippelius* Juristische Methodenlehre[9,] 65 (§ 11 I b); BGH Beschl. v. 18.1.1993 NStZ 1991, 351 ff. (352).

[452] *Larenz/Canaris* (Fn.134), 195.

[453] *Zippelius* spricht von „Formulierungslücken", Juristische Methodenlehre (2005) 65 (§ 11 I a).

[454] Vgl. BGH 7.11.2001, BGHZ 149, 129, 133.

[455] Beschlussempfehlung und Bericht des Rechtsausschusses (6. Ausschuss) (Fn. 68), 30.

[456] Beschlussempfehlung und Bericht des Rechtsausschusses (6. Ausschuss) (Fn. 68), 30.

und regeln wollte, aber etwas gänzlich anderes dar als die tatsächlich bestehende, für den Anbieter und den Käufer verbindliche Online-Auktion. Da diese rechtliche Bewertung der Verbindlichkeit der Preisfindung nicht nur rechtstheoretisch und wirtschaftlich, sondern auch in den Augen der Legislative ein Wesensmerkmal der Versteigerung darstellt,[457] wäre es wenig überzeugend, beide Varianten der Online-Versteigerung als dasselbe Geschäftsmodell zu bezeichnen und damit im Ergebnis die Regelungslücke zu verneinen.[458] Der Unterschied zwischen der vom Gesetzgeber zugrunde gelegten rechtlichen Bewertung und der heute maßgeblichen Rechtsprechung aus dem geregelten Sachverhalt führt ebenso zu einem ungeregelten Fall, wie eine vom Gesetzgeber nicht vorhergesehene Änderung tatsächlicher Umstände. Somit hat der Gesetzgeber mit der Regelung des fernabsatzrechtlichen Widerrufsrechts keine Regelung für das Geschäftsmodell der Online-Auktionen getroffen, die im Wege eines für beide Parteien von Anfang an verbindlichen Kaufvertrages gegen Höchstgebot erfolgt.

Vor diesem Hintergrund kann auch der Umstand, dass der Gesetzgeber das am 8.12.2004 in Kraft getretene Gesetz zur Änderung der Vorschriften über Fernabsatzverträge[459] bei Finanzdienstleistungen nicht zu einer Anpassung des § 312d Abs. 4 Nr. 5 BGB genutzt hat, keine abweichende Haltung begründen. Wenngleich der Auslegungsstreit in dieser Frage bekannt gewesen ist, belegt das Unterlassen einer Änderung weder eine Position für, noch eine gegen das Widerrufsrecht.[460]

Aus diesen Gründen ist die für eine Analogie erforderliche Regelungslücke gegeben.

cc) Vergleichbare Interessenslage

Die entsprechende Anwendung der in § 312d Abs. 4 Nr. 5 BGB getroffenen Regelung ist geboten, wenn sein Normzweck aufgrund der im Wesentlichen gleichen Interessenslage auch im Normalfall der Online-Auktionen realisiert wird. Es wurde bereits festgestellt, dass der Normzweck darin besteht, das Geschäftsmodell einer Versteigerung, das von der Verbindlichkeit des Zuschlags

---

[457] Beschlussempfehlung und Bericht des Rechtsausschusses (6. Ausschuss) (Fn. 68), 30.

[458] A.A. *Mankowski*, JZ 2005, 444, 450.

[459] Art.1 Nr. 5 lit. b Gesetz zur Änderung der Vorschriften über Fernabsatzverträge bei Finanzdienstleistungen vom 2.12.2004, BGBl. 2004 I 3102.

[460] A.A. *Mankowski* JZ 2005, 444, 450; *Staudinger/Schmidt-Bendun*, BB 2005, 732, 734.

gekennzeichnet ist, davor zu schützen, durch die Widerrufsmöglichkeit der Verbraucher ausgehöhlt zu werden.[461] Diese Aushöhlungsgefahr besteht in gleichem Maße bei Online-Auktionen. Für das Funktionieren der Geschäftsmodelle ist es bedeutungslos, ob die Verbindlichkeit von Gebot und Angebot durch Zuschlag oder durch Zeitablauf erfolgen. Wichtig ist allein, dass das dabei erzielte Ergebnis den Anbieter verpflichtet. Der Zweck der Ausnahmeregelung könnte daher bei Online-Auktionen über eine analoge Anwendung im gleichen Umfang realisiert werden.

Möglicherweise existieren trotzdem Gründe, die einer Übertragung der in § 312d Abs. 4 Nr. 5 BGB getroffenen Entscheidung des Konflikts zwischen spekulativem Geschäft und Verbraucherschutz[462] auf Online-Auktionen entgegen stehen. Praktische Relevanz hat das Argument, dass die Online-Auktionen eine zunehmende Konkurrenz für die klassischen Verkaufsgeschäfte darstellen, so dass die Gefahr einer Umgehung der für letztere geltenden Widerrufsrechte drohe.[463] Tatsächlich zeigen die wachsenden Umsatzzahlen der führenden Online-Auktionshäuser, insbesondere im Verkauf von Neuwaren,[464] dass eine Abwanderung von Kunden des Einzelhandels oder anderer Online-Shops zu Online-Auktionen stattfindet. Ebenso zutreffend ist aber auch die Feststellung des Rechtsausschusses, dass Versteigerungen, nach der hier vertretenen Auffassung auch Online-Versteigerungen, von einem Widerrufsrecht behindert werden würden. Das Problem lässt sich daher auf die Frage zuspitzen, ob es geboten ist, dem Verbraucher die Wahl zwischen spekulativer Online-Versteigerung und einem mit Widerrufsrecht versehenen Festpreiskaufvertrag abzunehmen, ihn gleichsam zu seinem „Glück" zu zwingen. Vor dem Hintergrund des modernen Verbraucherleitbildes[465] muss diese Frage verneint werden. Bereits heute zeigt die Praxis, dass der Verbraucher den Wert des Widerrufsrechts genau erkannt hat. So bieten Warenhäuser Widerrufsrechte auch außerhalb des Fernabsatzes an, um ihre Kunden nicht an die Online-Geschäfte zu verlieren. Zugleich nehmen auch die zweifellos mit Widerrufsrecht verbundenen Sofortkaufangebote auf den Online-Auktionsplattformen zu,[466] in direkter Konkurrenz zu den spekulativen Versteigerungen. Somit kann die Analogie auch nicht mit der Gefahr der Umgehung des für andere Geschäfte geltenden Widerrufsrechts begründet werden.

---

[461] Oben 4. Teil B) IV) 2) b).
[462] *Spindler*, MMR 2005, 40, 42.
[463] *Hoeren/Müller*, NJW 2005, 948, 950.
[464] Zur wirtschaftlichen Entwicklung von Online-Auktionen: http://www.ecc-handel.de/erkenntnisse/1089619454, 6.12.2005.
[465] Oben 3. Teil B) I).
[466] LG Memmingen 23.6.2004, NJW 2004, 2389, 2390.

Schließlich ist auch die Beteiligung eines Auktionators bei der Versteigerung gemäß § 156 BGB kein die Ungleichbehandlung stützender Grund. Da die § 34b Abs. 1 GewO zugrunde liegenden Motive im Gegenteil von einer potentiellen Gefährlichkeit einer persönlichen Versteigerungsleitung ausgehen[467] und die Verwaltungspraxis zudem die Moderatoren von Live-Auktionen im Internet keiner Zuverlässigkeitskontrolle unterziehen, wäre die durch ein Widerrufsrecht zu entschärfende Gefährlichkeit bei der Versteigerung nach § 156 BGB sogar größer.

Die Berücksichtigung der der Ausnahmevorschrift des § 312d Abs. 4 Nr. 5 BGB zugrunde liegenden Interessen zeigt also, dass eine entsprechende Anwendung auf Online-Auktionen, bei denen das Höchstgebot bei Zeitablauf auch für den Anbieter verbindlich wird, geboten ist.

3) Zusammenfassung

§ 312d Abs. 4 Nr. 5 BGB ist nicht direkt auf Online-Auktionen anwendbar. Bei der heute häufigsten Form der Online-Auktionen handelt es sich nicht um Versteigerungen im Sinne des § 156 BGB, da es an einem Zuschlag durch einen Auktionator fehlt. Auch eine erweiternde Auslegung der Ausnahmevorschrift ist aufgrund ihres klaren Wortlautes nicht möglich. Da der Gesetzgeber aber bei der Formulierung der Norm von einer inzwischen veralteten rechtlichen Bewertung der Online-Auktionen ausging, ist eine analoge Anwendung der Ausnahmevorschrift auf Online-Auktionen möglich und aufgrund der vergleichbaren Interessenslage auch geboten.

Entgegen der vom Bundesgerichtshof vertretenen Auffassung findet daher das fernabsatzrechtliche Widerrufsrecht gemäß § 312d Abs. 4 Nr. 5 BGB analog auf Online-Auktionen keine Anwendung.

V) Verwendung von geistigem Eigentum der Mitbewerber

Praktisch bedeutsame Einschränkungen bei der Erstellung von Artikelbeschreibungen folgen aus den Rechten Dritter an ihrem geistigen Eigentum. Besonders häufig sind Konflikte mit den vom Markengesetz und Urhebergesetz geschützten Kennzeichen-, Urheber- und Leistungsschutzrechten Dritter.

---

[467] Oben 4. Teil a) I) 2) e).

1) Bedeutung für den Wettbewerb

Es stellt sich allerdings die Frage, welche Bedeutung Verletzungen dieser Vorschriften für den Wettbewerb haben. Ein direkter Wettbewerbsbezug wäre gegeben, wenn Verstöße gegen das Marken- oder das Urhebergesetz den Tatbestand des Rechtsbruchs, §§ 3, 4 Nr. 11 UWG erfüllen würden. Dazu müssten die Vorschriften Marktverhaltensregeln darstellen, Normen also, die auch das Ziel verfolgen, den Wettbewerb durch die Aufstellung gleicher Schranken für die Marktteilnehmer zu regeln.[468] Aus dem Wesen der Vorschriften zum Schutz des geistigen Eigentums folgt aber, dass alleine die Inhaber der betroffenen Rechte darüber zu entscheiden haben, ob eine Rechtsverletzung geahndet oder toleriert wird.[469] Zu Gunsten dieser Entscheidungsfreiheit nehmen die Vorschriften daher auch eine Ungleichbehandlung verschiedener Marktteilnehmer in Kauf. Aus diesem Grund stellen die Vorschriften keine Marktverhaltensregelungen dar, ein Verstoß begründet daher nicht den Vorwurf des Rechtsbruchs. [470]

Obwohl also kein unmittelbarer Wettbewerbsbezug vorliegt, bestehen zwischen den Vorschriften zum Schutz des geistigen Eigentums und dem Wettbewerbsrecht weit reichende Überschneidungen. In juristischer Hinsicht ist das geistige Eigentum eng mit dem Wettbewerbsrecht verwoben,[471] eine klare Abgrenzung ist nicht möglich.[472] Sofern die Rechteinhaber Mitbewerber des Anbieters sind, gewährt das Wettbewerbsrecht grundsätzlich einen das geistige Eigentum flankierenden, ergänzenden Leistungsschutz, der aufgrund einer inhaltlichen Wechselwirkung[473] zwischen den spezielleren Schutzrechten und dem UWG mögliche Schutzrechtsverletzungen auch in lauterkeitsrechtlicher Hinsicht begrenzt.[474] Auch in ihrer wirtschaftlichen Bedeutung gehen das Wettbewerbsrecht und das geistige Eigentum ineinander über. Da Verletzungen ihres geistigen Eigentums die Marktchancen der Mitbewerber ebenso beeinträchtigen wie Verletzungen des Wettbewerbsrechts, steht die Überwachung dieser Vorschriften gemeinsam im Fokus der am Markt tätigen Unternehmen. Für den Verletzer

---

[468] *Fezer(-Götting)* (Fn. 13), § 4-11 UWG Rn. 51.

[469] *Fezer(-Götting)* (Fn. 13), § 4-11 UWG Rn. 60.

[470] BGH 10.12.1998, GRUR 1999, 325, 326 - Elektronische Pressearchive; *Fezer(-Götting)* (Fn. 13), § 4-11 Rn. 60; *Köhler*, GRUR 2004, 381, 384.

[471] *Harte-Bavendamm/Henning-Bodewig(-Sambuc)* (Fn. 145), Einl. F Rn. 204.

[472] *Fezer(-Fezer)* (Fn. 13), Einleitung E Rn. 96.

[473] *Fezer(-Fezer)* (Fn. 13), Einleitung E Rn. 96, nennt das Lauterkeitsrecht den „Jungbrunnen" des Immaterialgüterrechts.

[474] *Harte-Bavendamm/Henning-Bodewig(-Sambuc)* (Fn. 145), Einl. F Rn. 210 ff.; *Fezer(-Fezer)* (Fn. 13), Einleitung E Rn. 96; allgemein zum Verhältnis von MarkenG und UWG: *Bornkamp*, GRUR 2005, 97 ff..

begründen daher Verstöße gegen beide Vorschriftenkreise vergleichbare Risiken.

Soweit die Rechte von Mitbewerbern betroffen sind, hat die Verletzung von geistigem Eigentum also eine wettbewerbsspezifische Bedeutung. Da zu den Mitbewerbern der Anbieter nicht nur die anderen Nutzer der Plattform zählen, sondern auch die auf einer anderen Wirtschaftsstufe agierenden Hersteller der angebotenen Waren,[475] gilt diese Vergleichbarkeit von Verletzungen geistigen Eigentums und Wettbewerbsrechtsverstößen auch im Rahmen von Online-Auktionen.

2) Benutzung von Kennzeichen

Die Rechtmäßigkeit der Verwendung bekannter Marken oder geschäftlicher Bezeichnungen bemisst sich nach dem Markengesetz und ergänzend auch nach dem Gesetz gegen unlauteren Wettbewerb. Grundsätzlich darf ausschließlich der Rechteinhaber die Marke oder geschäftliche Bezeichnung im geschäftlichen Verkehr benutzen, §§ 14 Abs. 2, 15 Abs. 2 MarkenG. Von diesem Grundsatz machen Gesetz und Rechtsprechung jedoch wichtige Ausnahmen. Für die Praxis der Online-Versteigerungen kommt es daher darauf an, inwieweit diese Ausnahmen auch auf die Artikelbeschreibungen Anwendung finden.

a) Für die bezeichneten Waren

Waren, die von dem Inhaber der Kennzeichenrechte in der EG oder der EWG in den Verkehr gebracht worden sind, dürfen auch von Dritten im geschäftlichen Verkehr unter Verwendung ihrer Kennzeichen beworben werden, § 24 Abs. 1 MarkenG. Die Angabe der einer angebotenen Ware zugehörigen Marke oder geschäftlichen Bezeichnung in der Verkaufsanzeige stellt unter diesen Voraussetzungen sowohl unter marken- als auch unter wettbewerbsrechtlichen Gesichtspunkten kein Problem dar.

---

[475] BGH 30.10.1956, GRUR 1957, 342, 347 - Underberg; 23.4.1998, GRUR 1999, 69, 70 - Preisvergleichsliste II; 5.10.2000, GRUR 2001, 448 - Kontrollnummernbeseitigung II; Regierungsentwurf eines Gesetzes gegen den unlauteren Wettbewerb (UWG), BT-Drucks. 15/1487, 16 zu § 2 Nr. 3.

b) Sichtbare fremde Kennzeichen

Die Verwendung von Kennzeichen in den Artikelbeschreibungen kann für den Anbieter aber auch dann interessant sein, wenn er eine ganz andere als die bezeichnete Ware oder Leistung anbietet. Zum einen wird der Markenbegriff nämlich von der plattforminternen Suchmaschine berücksichtigt, so dass das Angebot einer größeren Gruppe potentieller Interessenten präsentiert wird. Zum anderen hilft ein bekannter Markenname dabei, die Aufmerksamkeit der die Angebote in einer bestimmten Kategorie überfliegenden Interessenten auf das eigene Angebot zu lenken. Zulässig ist dies jedoch nur in einem engen rechtlichen Rahmen. Unter anderem erlaubt das Markengesetz die Verwendung fremder Marken unter besonderen Voraussetzungen zur Beschreibung und Bestimmung des eigenen Angebotes. Darüber hinaus ist unter den Voraussetzungen des UWG auch eine Verwendung von Marken im Rahmen der vergleichenden Werbung zulässig.

aa) Nutzung zur Beschreibung oder Bestimmung

Gemäß § 23 Nr. 2 MarkenG dürfen Zeichen, die dem geschützten Kennzeichen ähneln oder gleichen, zur Beschreibung von Merkmalen oder Eigenschaften von Waren oder Dienstleistungen benutzt werden, es sei denn die Benutzung verstößt gegen die guten Sitten.[476] Die Beurteilung, ob ein Zeichen als Beschreibung oder aber als Kennzeichengebrauch zu verstehen ist, hängt maßgeblich davon ab, welches Freihaltebedürfnis der Verkehr dem Zeichen beimisst.[477] Insbesondere bei der Verwendung einprägsamer Marken in der Angebotsbeschreibung wird die Beschreibungsfunktion daher eher im Hintergrund stehen. § 23 Nr. 3 MarkenG erlaubt ferner die Verwendung von Kennzeichen, als Hinweis auf die Bestimmung einer Ware oder Dienstleistung, soweit diese Verwendung notwendig ist.[478] Hierdurch wird insbesondere die Werbung für Ersatz- und Zubehörteile für fremde Produkte ermöglicht.[479] Allerdings muss nicht nur die Zweckbestimmung selbst aus Sicht der angesprochenen Verkehrskreise erforderlich sein, sondern auch Art und Umfang der Darstellung.[480] Ausgeschlossen ist die Nutzung in beiden Fällen, wenn die Grenze zur Sittenwidrigkeit erreicht wird, § 23 MarkenG.

---

[476] Umstritten ist allerdings, ob diesen Fällen überhaupt eine markenmäßige Benutzung iSd. § 14 Abs. 2, § 15 Abs. 2 MarkenG vorliegt.

[477] *Ingerl/Rohnke*, Markengesetz^2 (2003) § 23 MarkenG Rn. 52.

[478] *Ingerl/Rohnke*^{2} (Fn. 477), § 23 MarkenG Rn. 68.

[479] *Ingerl/Rohnke*^{2} (Fn. 477), § 23 MarkenG Rn. 68.

[480] *Ingerl/Rohnke*^{2} (Fn. 477), § 23 MarkenG Rn. 72.

bb) Nutzung in der vergleichenden Werbung

Aus § 6 UWG folgt, dass die Verwendung von Marken und geschäftlichen Bezeichnungen zulässig ist, solange dabei nicht die in Absatz 2 der Norm genannten Unlauterkeitstatbestände erfüllt werden. Diese Regel gilt nicht nur im Rahmen des Wettbewerbsrechts, sondern schließt in diesem Umfang auch Ansprüche der Inhaber der betroffenen Kennzeichen nach dem Markengesetz aus. Ohne die in der Bezeichnung liegende Verwendung[481] der Kennzeichen ist eine vergleichende Werbung kaum möglich.[482] Da die Werbung für eine Ware oder Dienstleistung nicht nur durch den Inhaber der Kennzeichenrechte, sondern infolge der Erschöpfung grundsätzlich auch durch den Weiterveräußerer erfolgen darf,[483] ist auch eine vergleichende Werbung durch einen Weiterveräußerer in der Artikelbeschreibung möglich. Unzulässig wird diese Werbung jedoch, wenn sie einen der unter Absatz 2 genannten Tatbestände erfüllt. Nach § 6 Abs. 2 Nr. 4 1. Var. UWG stellt das Ausnutzen der Wertschätzung fremder Kennzeichen von besonderer Bedeutung eine unlautere Wettbewerbshandlung dar. Für die Abgrenzung zur erlaubten vergleichenden Werbung kommt es dabei unter anderem darauf an, ob die konkrete Art der Verwendung des fremden Kennzeichens notwendig war, um den Vergleich für den Verbraucher transparent zu machen.[484] Hierbei ist zu berücksichtigen, dass auch eine dezente optische Gestaltung des Vergleichs aufgrund der gesteigerten Suchmaschinenrelevanz zu einer gesteigerten Wahrnehmung des Angebots führt.

c) Versteckte fremde Kennzeichen

Ein beliebtes Mittel, die Suchmaschine bei der Angebotsfilterung zu beeinflussen, ohne angebotsferne Markennamen sichtbar in das Angebot aufzunehmen, besteht darin, Kennzeichen in Textform in den Quelltext der Anzeige zu schreiben, das so genannte Header- oder Meta-Tagging. Dieser Quelltext erscheint nicht unmittelbar in der Verkaufsanzeige, wird von den Suchmaschinen aber dennoch in die Suche nach Übereinstimmungen mit den eingegebenen Kriterien einbezogen.[485] Das gleiche Ergebnis wird durch das so genannte Word-

---

[481] Vgl. *Ingerl/Rohnke*^{2} (Fn. 477), § 14 MarkenG Rn. 153.

[482] EuGH 25.10.2001 Rs. C-112/99, Slg. 2001, I-7972, 7991 f. 50 Rn. 53 - Toshiba/Katun; BGH 2.10.2002, GRUR 2003, 444, 445.

[483] EuGH 4.11.1997 Rs. C-337/95, Slg. 1997, I-6034, 6047 - Dior/Evora; BGH 30.4.1987, GRUR 1987, 823 - Ankündigungsrecht II; 30.6.1994, GRUR 1994, 841, 843 - Suchwort.

[484] KG 4.3.2005, MMR 2005, 315, 316.

[485] *Fezer(-Mankowski)* (Fn. 13), § 4-S12 Rn. 76 f.; einige Auktionsplattform beschränken sich daher bereits auf die Durchsuchung der Titelzeile des Angebots.

Stuffing[486] erreicht, bei dem die Markennamen direkt in die Verkaufsanzeige aufgenommen werden, jedoch durch die Wahl einer dem Hintergrund entsprechenden Farbe für den Betrachter unsichtbar sind. Ob diese Formen der Einflussnahme auf Suchmaschinen gegen das Marken- oder Wettbewerbsrecht verstoßen ist in Literatur und Rechtsprechung umstritten.

aa) Verstoß gegen das Markenrecht

Kern der Diskussion über die markenrechtliche Bedeutung des Meta-Taggings ist die Frage, ob diese Art der Benutzung eines Kennzeichens generell einen markenrechtlich relevanten Gebrauch darstellt. Nach der Rechtsprechung des Europäischen Gerichtshofes ist eine Voraussetzung für einen markenmäßigen Gebrauch, dass der Verkehr in dem jeweiligen Zeichen einen Herkunftshinweis sieht.[487] Nur dann besteht die Möglichkeit, dass der Gebrauch gegen § 14 Abs. 2 oder § 15 Abs. 2 MarkenG verstößt. Diesen Grundsätzen ist der Bundesgerichtshof gefolgt.[488]

(1) Bisherige Diskussion

Nach einer Ansicht stellt der Gebrauch von Kennzeichen in Meta-Tags eine kennzeichenmäßige Benutzung dar.[489] Hierfür sei es nicht erforderlich, dass der Nutzer des fremden Kennzeichens unmittelbar sieht, auch eine mittelbare Wahrnehmung über das Suchergebnis reiche aus.[490] Andere halten Meta-Tags demgegenüber gerade nicht für eine kennzeichenmäßige Benutzung.[491] Die an-

---

[486] *Fezer(-Mankowski)* (Fn. 13), § 4-S12 Rn. 87.

[487] EuGH 23.2.1999 – Rs. C-63/97, Slg. 1999, I-925, 941 Rn. 39/42 – BMW/Ronald Karel Deenik; 14.5.2002 Rs. 5 C-2/00, Slg. 2002, I-4210, 4217 Rn. 17 - Hölterhoff/Freiesleben; 12.11.2002 Rs. C-206/01, Slg. 2002, I-10299, 10317 Rn. 51 - Arsenal.

[488] BGH 20.12.2001, GRUR 2002, 809, 811 - Frühstücksdrink I; 20.12.2001, GRUR 2002, 812, 813 - Frühstücksdrink II; 6.12.2001, GRUR 2002, 814 - Festspielhaus.

[489] OLG Hamburg 6.5.2004, K&R 2005, 45, 46; OLG Karlsruhe 22.10.2003, MMR 2004, 256, 257; OLG München 6.4.2000, CR 2000, 461, 462; LG Hamburg 9.8.2005, www.aufrecht.de/4226.html (vom 18.11.2005); LG München I 24.6.2004, MMR 2004, 689, 690; LG Hamburg 13.7.2001, CR 2002, 136; LG Frankfurt a. M. 3.12.1999, MMR 2000, 493, 495; *Kur*, CR 2000, 448, 451, 452; *Ubber/Jung-Weiser/Bousonville*, Markenrecht im Internet (2002) 185.

[490] LG Hamburg 13.7.2001, CR 2002, 136; LG Hamburg 13.9.1999, CR 2000, 121, 122; zur ähnlichen Problematik der „Angaben" i.s. d. § 3 UWG (a.F.): *Pohle*, MMR 2003, 408, 410.

[491] OLG Düsseldorf 17.2.2004, GRUR-RR 2004, 353, 354.

gesprochenen Verkehrskreise würden ihre Vorstellung von der Kennzeichnung der Waren oder Dienstleistung nämlich nur aufgrund des wahrnehmbaren Inhaltes der Webseite bilden, wozu ein Meta-Tag gerade nicht gehöre.[492] Der Verkehr würde zudem allenfalls erwarten, dass es sich bei dem Kennzeichen um einen für den Text aussagekräftigen Suchbegriff handelt. Auch wenn die Begriffe selbst eine kennzeichenmäßige Nutzung vermuten lassen würden, verstehe der Verkehr die Wörter gerade in der Benutzung als Meta-Tag allenfalls als Kennzeichennennung.[493] Sollte der Verkehr aber dennoch der Auffassung sein, dass der Inhalt einer so mit einem Meta-Tag versehenen Website irgendetwas mit dem Begriff zu tun hat, so könnte er auf Grund der Eigenschaft eines Meta-Tags als Suchbegriff nicht davon ausgehen, dass die aufgeführte Website vom Inhaber des dem Begriff entsprechenden Unternehmenskennzeichens stammt.[494]

(2) Stellungnahme

Eine kennzeichenmäßige Benutzung scheidet nicht bereits deshalb aus, weil das im Quelltext versteckte Kennzeichen nicht visuell wahrnehmbar ist. Das Kennzeichen haftet dem Suchergebnis als zusammenstellendes Merkmal nicht nur objektiv an, es wird den angezeigten Internetadressen vom Nutzer, der das Kennzeichen zuvor selbst eingegeben hat, auch subjektiv zugeordnet. Für die Intensität der Zuordnung von Suchergebnis und Kennzeichen würde die zusätzliche visuelle Wahrnehmbarkeit daher keinen wesentlichen Unterschied ausmachen.

Im Zusammenhang mit eigenständigen, nicht in andere Plattformen integrierten[495] Suchmaschinen ist eine markenmäßige Benutzung aber aufgrund der Art der Wahrnehmung abzulehnen. Für die Frage, ob die Verwendung einer Marke eine Herkunftsfunktion erfüllt, ist maßgeblich, welche Vorstellungen der Verbraucher beim Aufruf des konkreten Zeichens und der ihm gezeigten Trefferliste hat.[496] Der Zweck von Suchmaschinen ist nicht, nur die Internetadressen anzuzeigen, die dem Suchkriterium originär entsprechen, vielmehr sollen und können sie derzeit nur alle Seiten anzeigen, die irgendeinen inhaltlichen Bezug zu dem Kriterium aufweisen, das aus diesem Grunde in ihrem Seitentext enthalten ist. Neben den häufigen rechtswidrigen Kennzeichennennungen handelt es sich hierbei beispielsweise um redaktionelle Beiträge[497] oder mittelbare Nen-

---

492 OLG Düsseldorf 15.7.2003, MMR 2004, 257, 259 - Impuls.

493 OLG Düsseldorf, Beschluss vom 17.02.2004, Az. I 20 U 104/03.

494 So auch *Viefhues*, MMR 1999, 336, 339.

495 Z.B.: www.google.de; www.yahoo.de; www.web.de.

496 So OLG Hamburg 6.5.2004, K&R 2005, 45, 46.

497 Ob dies über § 23 Nr. 2 MarkenG oder über eine Begrenzung des Verletzungsbegriffes erfolgt ist umstritten, vgl. *Ingerl/Rohnke*[2] (Fn. 477), § 14 MarkenG Rn. 160.

nungen derselben. Auch mehrstufig mittelbare Nennungen von Kennzeichen, also Seiten die auf Inhalte Bezug nehmen, die ihrerseits das gesuchte Kennzeichen verwenden oder verwendet haben, werden in der Ergebnisliste angezeigt. Die Verwendung von Kennzeichen als Suchkriterien führt bei allgemeinen Suchmaschinen daher in der Regel zu vielen Ergebnissen, die in keiner direkten Beziehung zu dem Kennzeicheninhaber stehen.[498] Aufgrund der Vielzahl der Möglichkeiten, die eine Erwähnung des Suchbegriffes auf den angezeigten Seiten verursacht haben kann, erwartet der Betrachter noch nicht einmal eine engere mittelbare Verbindung zwischen dem Inhaber der Kennzeichenrechte und dem Verwender.[499]

Anders ist die Situation aber bei den in Online-Auktionen integrierten Suchmaschinen. Da deren Suche von vornherein auf die auf der Auktionsplattform gespeicherten Angebote begrenzt ist, sind die meisten Internetseiten, die die Kennzeichen nur in redaktionellen Zusammenhängen oder anderen mittelbaren Zusammenhängen nennen, nicht in die Suche einbezogen. Darüber hinaus unterliegen die Angebote der Überwachung durch die Plattforminhaber und durch die Rechteinhaber, die den Markenmissbrauch und die Beeinträchtigung der Suchmaschinenergebnisse verhindern wollen. Aus diesen Gründen führt die Verwendung von Markennamen und geschäftlichen Bezeichnungen als Suchkriterium bei Online-Auktionen meistens zu Angeboten, die einen direkten Bezug zu der Marke besitzen. Der Nutzer geht deshalb davon aus, dass dies auf alle angezeigten Angebote zutrifft. Dies bedeutet, dass der Nutzer darin, dass das Angebot von der Suchmaschine ausgewählt wurde, einen Hinweis auf die Herkunft des Angebotsinhalts sieht. Aufgrund der gegenüber allgemeinen Suchmaschinen deutlich höheren Treffergenauigkeit der Suchfunktionen stellt daher auch die Verwendung von Marken oder geschäftlichen Bezeichnungen als unsichtbarer Metatag oder im Word-Stuffing eine kennzeichenmäßige Benutzung dar.

Der verdeckte Gebrauch fremder Kennzeichen durch Word-Stuffing oder Meta-Tagging verstößt daher gegen §§ 14, 15 MarkenG.

---

[498] Z.B. führte die Suche über Google nach dem Begriff „Nivea“ am 11. Sptember 2005 zu 1,9 Mio Treffern., die Suche nach dem Begriff „Palandt“ zu 157.000 Treffern; vgl. auch OLG Düsseldorf 17.2.2004, MMR 2004, 319, 321.

[499] Dies wäre aber nach EuGH 12.11.2002 Rs. C-206/01, Slg. 2002, I-10299, 10317 Rn. 51 – Arsenal, zumindest erforderlich.

bb) Verstoß gegen das Wettbewerbsrecht

Uneinheitlich wird auch die Frage beantwortet, ob die Verwendung von Meta-Tags für Internetseiten einen Verstoß gegen das Wettbewerbsrecht begründen kann. Als Unlauterkeitsgründe werden die unzumutbare Belästigung,[500] das unlautere Abfangen von Kunden[501], die Ausbeutung des guten Rufes[502] und die Täuschung[503] der angesprochenen Verkehrskreise über die bereitgehaltenen Inhalte angenommen.

Vor dem Hintergrund, dass der Gebrauch von Meta-Tags in den Angebotsbeschreibungen von Online-Auktionen einen markenmäßigen Gebrauch darstellt, scheiden Verstöße gegen das Verbot der Täuschung und der Rufausbeutung aus. Diese Sachverhalte werden abschließend von §§ 14 Abs. 2 Nr. 3, 15 Abs. 3 MarkenG geregelt, so dass die für einen ergänzenden Leistungsschutz durch das Wettbewerbsrecht kein Raum verbleibt. Dies gilt auch für das Verbot des unlauteren Abfangens von Kunden.[504]

Da das Markengesetz im Gegensatz zum Wettbewerbsrecht aber nicht den Schutz der Verbraucher bezweckt, wird der Tatbestand der unzumutbaren Belästigung nicht verdrängt.[505] Allerdings wird der Tatbestand durch die Verwendung von Meta-Tags nicht erfüllt.[506] Auch wenn die Annahme einer in der Beeinflussung der Suchergebnisse liegenden Belästigung jedenfalls dann nachvollziehbar ist, wenn die Meta-Tags ohne jeden sachlichen Grund verwendet werden, wird hierdurch nicht die Schwelle der Unzumutbarkeit überschritten. Anders als die in § 7 Abs. 2 UWG als typische Fälle der Unzumutbarkeit genannten Regelbeispiele erreicht die Werbemaßnahme den Suchmaschinennutzer ausschließlich als direkte Reaktion auf seine Suchanfrage. Aus diesem Grunde ist das Belästigungspotential der Meta-Tags deutlich geringer als beispielsweise das der Spam-eMails,[507] die den Betroffenen jederzeit und ohne dessen Zutun erreichen.

---

[500] *Kaufmann*, MMR 348, 352.

[501] LG Hamburg 9.8.2005, www.aufrecht.de/4226.html (vom 18.11.2005); ähnlich *Fezer(-Mankowski)* (Fn. 13), § 4-S12 Rn. 78; a.A. OLG Düsseldorf 17.2.2004, MMR 2004, 319, 321; *Hefermehl/Köhler/Bornkamm*[24]*(-Köhler)* (Fn. 51), § 4 UWG Rn. 10.31.

[502] LG Berlin 12.1.2001, K&R 2001, 171; LG Hamburg 16.2.2000, CR 2000, 392, 395; *Harte-Bavendamm/Henning-Bodewig(-Omsels)* (Fn. 145), § 4 UWG Nr. 10 Rn. 75; *Fezer(-Mankowski)* (Fn. 13), § 4-S12 Rn. 78.

[503] LG Düsseldorf 27.03.2002, MMR 2002, 557, 558; *Menke*, WRP 1999, 982, 989.

[504] *Fezer(-Götting)* (Fn. 13), § 4-10 Rn. 92.

[505] *Harte-Bavendamm/Henning-Bodewig(-Sambuc)* (Fn. 145), Einl F UWG Rn. 203.

[506] So aber *Kaufmann*, MMR 348, 352.

[507] A.A. *Kaufmann*, MMR 348, 352.

d) Zusammenfassung

Die Verwendung von Kennzeichen für die von ihnen bezeichneten Produkte ist grundsätzlich auch im Rahmen von Online-Auktionen möglich. Auch hinsichtlich des sichtbaren Gebrauchs fremder Kennzeichen gelten die allgemeinen Grundsätze, die die Benutzung nur in einem engen Rahmen, insbesondere zur Beschreibung, zur Bestimmung und Rahmen der vergleichenden Werbung, zulassen. Anders als bei allgemeinen Suchmaschinen stellt die Aufnahme von Kennzeichen in den Quelltext oder als unsichtbares Zeichen in den Anzeigentext einer Auktionsbeschreibung einen kennzeichenmäßigen Gebrauch dar, der gegebenenfalls einen Verstoß gegen das Markenrecht begründet. Gegen das Wettbewerbsrecht verstößt die verdeckte Benutzung hingegen nicht.

3) Produktinformationen des Herstellers

Bei der Erstellung einer Artikelbeschreibung bietet es sich oft an, auf die vom Hersteller der Ware veröffentlichten Produktinformationen zurückzugreifen. Durch „copy-and-paste“ können fremde Fotografien und Produktbeschreibungen auf einfachste Weise zum Inhalt der eigenen Angebotsdarstellung werden. Wenngleich der Handel über Online-Börsen den Bedarf solcher Produktbeschreibungen vervielfacht hat, gelten hierbei keine rechtlichen Besonderheiten. An den Fotografien bestehen in der Regel fremde Leistungsschutzrechte gemäß § 72 Abs. 1 UrhG, so dass ihre Verwendung die Zustimmung des Rechteinhabers gemäß §§ 31 ff. UrhG voraussetzt. Der urheberrechtliche Schutz der das Produkt beschreibenden Texte hängt davon ab, ob sie gemäß § 2 UrhG im Einzelfall die für den Werkbegriff erforderliche Gestaltungshöhe erreicht haben. Wird nur ein Teil eines beschreibenden Textes übernommen, hängt die Beantwortung dieser Frage davon ab, ob auch dieser Teil isoliert die Gestaltungshöhe erreicht.[508] Wenn der Text die erforderliche Gestaltungshöhe besitzt, darf er ebenfalls nur mit Einwilligung des Rechteinhabers verwendet werden, §§ 31 ff. UrhG.

4) Eigene Fotografien

Sofern nicht auf das Material des Herstellers zurückgegriffen werden kann, kommt für die Anbieter die Verwendung eigener Fotografien zur Beschreibung des Versteigerungsangebots in Betracht.

[508] OLG Düsseldorf 25.6.2002, NJOZ 2002, 2454, 2456.

Auch dies ist nicht unproblematisch. Dem urheberrechtlichen Schutz unterliegt nämlich nicht nur der unmittelbare Gebrauch von Werken; auch Fotografien von geschützten Werken dürfen grundsätzlich nur mit der Zustimmung des Urhebers verbreitet werden, §§ 15 Abs. 2 Nr. 2, 19a UrhG.[509] Im Rahmen von Online-Auktionen wird dies immer dann relevant, wenn visuell wahrnehmbare Werke, beispielsweise Werke der bildenden Künste oder Lichtbildwerke versteigert werden sollen. Grundsätzlich wäre es in diesen Fällen verboten, ohne die Zustimmung der Urheber Fotografien der Werke in die Artikelbeschreibung aufzunehmen.

Die in § 58 Abs. 1 UrhG geregelte Katalogbildfreiheit gibt jedoch Veranstaltern das Recht, Werke der bildenden Kunst und Lichtbildwerke, die zum öffentlichen Verkauf bestimmt sind, öffentlich zugänglich zu machen, soweit dies zur Förderung der Veranstaltung erforderlich ist. Da das Recht der öffentlichen Zugänglichmachung das Bereitstellen in digitalen Datenbanken umfasst,[510] fallen Online-Auktionen als spezielle Form des öffentlichen Verkaufs in den Anwendungsbereich der Norm.[511] Aus dem Wortlaut des § 2 Abs. 1 Nr. 4 UrhG wird deutlich, dass der Begriff der bildenden Künste auch die Werke der angewandten Kunst umfasst. Somit findet die Norm auch auf urheberrechtlich geschützte Gebrauchsgüter Anwendung.[512] Veranstalter des Verkaufs ist der Träger der organisatorischen und wirtschaftlichen Verantwortung.[513] Da es im Hinblick auf die mögliche Rechtsverletzung auf das einzelne Angebot ankommt, ist der Anbieter der jeweiligen Auktion, nicht jedoch der Plattformbetreiber, Veranstalter im Sinne des § 58 UrhG. Darüber hinaus ist die Verwendung der Fotografie in der Beschreibung eines Angebots zur Förderung des Verkaufs in der Regel auch erforderlich.

Aufgrund der Katalogbildfreiheit dürfen eigene Aufnahmen der angebotenen Waren also auch dann in der Artikelbeschreibung verwendet werden, wenn die Waren selbst als Werke der angewandten oder bildenden Künste oder als Lichtbildwerke dem urheberrechtlichen Schutz unterliegen.[514]

---

509 *Wandtke/Bullinger(-Lüft)* Gesetz zur Regelung des Urheberrecht in der Informationsgesellschaft (München 2003), § 15 UrhG Rn. 11.

510 *Wandtke/Bullinger(-Lüft)* (Fn. 509), § 58 UrhG Rn. 6; *Schmid/Wirth(-Schmid/Wirth)* Urheberrechtsgesetz – Handkommentar (2004), § 19a UrhG Rn. 1.

511 *Ernst*, in: *Spindler/Wiebe* (Hrsg.), Internet-Auktionen und Elektronische Marktplätze (2005), 43 (3. Kapitel, Rn.2).

512 BGH 4.5.2000, GRUR 2001, 51, 52; i.E. auch *Wandtke/Bullinger(-Lüft)* (Fn. 509), § 58 UrhG Rn. 3, der aber eine analoge Anwendung des § 57 Abs. 1 UrhG vorschlägt; a.A.

513 *Wandtke/Bullinger(-Lüft)* (Fn. 509), § 58 UrhG Rn. 5, (*-Büscher*), § 81 Rn. 12.

514 *v. Welser*, ZUM 2000, 472, 476 f..

C) Preisgestaltung

Naturgemäß ist der Einfluss der Anbieter auf den Preis bei einer Versteigerung gering und in der Regel auf die Festlegung des Startpreises begrenzt. In einigen Fällen kann der Anbieter zudem einen Mindestpreis angeben, unter dem kein verbindlicher Vertrag zustande kommt. Zur Preisgestaltung gehört darüber hinaus die Verwendung von Bietagenten, einer Software, mit der einigen Auktionsplattformen die Gebotsabgaben unterstützen.

I) Unrealistische Anfangspreise

Häufig werden Angebote in Online-Auktionen zu einem Startpreis in Höhe von einem Euro angeboten. Obwohl nur selten damit zu rechnen ist, dass das Angebot bis zum Ende der Auktion so niedrig bleibt, kommt aus verschiedenen Gründen ein Verstoß gegen das Wettbewerbsrecht und angrenzende Vorschriften in Betracht.

1) Irreführung

Vereinzelt wird es für notwendig gehalten, den Verbraucher gesondert darauf hinzuweisen, dass es sich um einen Startpreis handelt, der im Laufe der Auktion ansteigen kann; anderenfalls bestünde die Gefahr einer unlauteren Irreführung der Bieter.[515] Für einen solchen Hinweis besteht aber kein Anlass. Auch ohne Kenntnis der Besonderheiten von Online-Auktionen ist es für den Durchschnittsverbraucher selbstverständlich, dass die bei Auktionen genannten Preise erst gegen Ende der Auktion eine Bedeutung erlangen. Aus diesem Grunde sind auch die für Lockangebote entwickelten Grundsätze[516] nicht auf die Auktionsstartpreise übertragbar. Es ist auszuschließen, dass ein durchschnittlich informierter, aufmerksamer und verständiger Durchschnittsumworbener glaubt, dass die Annahme des günstigen Startangebotes mit überwiegender Wahrscheinlichkeit zu einem entsprechenden Vertragsschluss führt. Auch aus § 5 Abs. 4 UWG, wonach die Irreführung einer Preiswerbung vermutet wird, wenn der Preis nur für eine unangemessen kurze Zeit gefordert worden ist, folgt keine andere Beurteilung. Bei der Beurteilung der Unangemessenheit sind unter anderem

---

[515] *Hess*, FS für Paul Hertin (2000), 391, 404 f..

[516] Dazu: *Köhler/Piper*^{3}(*-Piper*) (Fn. 146), § 3 UWG Rn. 404.

die Usancen der betroffenen Branche zu berücksichtigen.[517] Zudem können nur solche Angebotszeitspannen unangemessen sein, die die Unternehmer selbst bestimmen können. Dies ist aber bei Auktionen, deren Prinzip gerade die Veränderlichkeit der Preise darstellt, nicht der Fall. Anderenfalls wären sämtliche virtuellen und realen Versteigerungen mit der Vermutung der Irreführung belegt, was nicht im Sinne des Gesetzgebers gewesen ist.

2) Übertriebenes Anlocken

Nach Auffassung des Oberlandesgerichts Hamburg stellt die Verwendung niedriger Anfangspreise ein übertriebenes Anlocken und somit einen Verstoß gegen § 4 Abs. 1 UWG dar, wenn bei dem Angebot einer hochwertigen Ware zu einem Startpreis von einem Euro in der Artikelbeschreibung zugleich auf die unverbindliche Preisempfehlung des Herstellers hingewiesen wird, die den Startpreis als ein besonders günstiges Angebot hervorhebt.[518] Dieser Ansicht kann nicht gefolgt werden. Nach stetiger Rechtsprechung des BGH ist ein übertriebenes Anlocken nur dann anzunehmen, wenn die Verkaufsförderungsmaßnahme die Rationalität der Nachfrageentscheidung des Verbrauchers ausschaltet.[519] Die Rationalität der Nachfrageentscheidung ist dann ausgeschaltet, wenn auch der durchschnittlich informierte, situationsadäquat aufmerksame und verständige Durchschnittsverbraucher durch die Werbung davon abgehalten wird, Preis und Qualität des Gesamtangebots kritisch zu überprüfen.[520] Da die Veränderlichkeit und Unverlässlichkeit des Preises gerade das Wesen von Versteigerungen ausmacht, kann auch einem besonders günstigen Einstiegspreis kein stärkerer aleatorischer Reiz beigemessen werden als dem Prinzip der Online-Versteigerung selbst.

II) Verletzung von Preisbindungen

Der Absatz zahlreicher Waren- und Dienstleistungsarten ist an staatlich geregelte Preisvorgaben gebunden. Beispielsweise folgt aus §§ 24 Abs. 1, 26 TabStG

---

[517] *Harte-Bavendamm/Henning-Bodewig(-Völker)* (Fn. 145), § 5 UWG Rn. 840; *Ernst*, in: *Spindler/Wiebe* (Hrsg.), Internet-Auktionen und Elektronische Marktplätze (2005), 38 (3. Kapitel, Rn. 24).

[518] OLG Hamburg 5. 7. 2001, NJW-RR 2002, 254.

[519] BGH 14.12.2000, GRUR 2001, 752 - Eröffnungswerbung; 6.6.2002, GRUR 2002, 1000, 1002 - Testbestellung; 13.6.2002, GRUR 2002, 976, 978 - Kopplungsangebot I; 22.5.2003, WRP 2003, 1428, 1429 - Einkaufsgutschein.

[520] BGH 17.2.2000, GRUR 2000, 820, 821 - Space Fidelity Peep-Show.

das Verbot, von den auf den Steuerzeichen von Tabakwaren angegebenen Preisen abzuweichen; beim Verkauf nicht gebrauchter Bücher müssen gemäß § 3 Buchpreisbindungsgesetz (BPrBindG) die Preise eingehalten werden, die der Verleger oder Importeur gemäß § 5 Abs. 1 BPrBindG vor dem Erscheinen des Werkes festlegt. Auch apothekenpflichtige Medikamente dürfen nur zu den von der Arzneimittelpreisverordnung (AMPreisV) vorgegebenen Preisen verkauft werden. Für die freien Berufe des Rechtsanwaltes und des Architekten regeln § 4 HOAI und § 49b BRAO Mindestpreise, von denen nur in Ausnahmefällen abgewichen werden darf. Ähnliche Vorgaben finden sich in zahlreichen anderen Spezialvorschriften. Das Anbieten von Waren oder Dienstleistungen, die solchen Preisbindungen unterliegen könnte gemäß §§ 3, 4 Nr. 11 UWG eine unlautere Wettbewerbshandlung darstellen.

Häufigster Zweck der Preisbindungen ist es zu verhindern, dass infolge des Wettbewerbs die Preise auf ein Niveau fallen, zu dem eine bestimmte Qualität[521] oder Vielfalt[522] der Leistungen nicht dauerhaft erbracht werden kann. Teilweise soll aber auch aus volkswirtschaftlichen Gründen ein ruinöser Wettbewerb vermieden werden.[523] Da die Vorschriften somit zumindest auch die Interessen der Marktteilnehmer im Blick haben, handelt es sich um Marktverhaltensregelungen.[524] Lediglich ein Verstoß gegen § 9 Abs. 1 BPrBindG kann nicht nach dem UWG geahndet werden, da das Buchpreisbindungsgesetz die Folgen einer Zuwiderhandlung selbst erschöpfend regelt.[525]

Fraglich ist, ob diese Preisbindungen auch für die Angebotsartikel in Onlineversteigerungen gelten. Dabei bestehen im Hinblick auf das Geschäftsmodell der Online-Auktion allerdings keine Zweifel an der grundsätzlichen Anwendbarkeit der Preisvorgaben. Diese gelten unabhängig davon, über welches Geschäftsmodell der Vertrag über die Ware oder Leistung geschlossen wird. Im Zusammenhang mit dem Verkauf von Büchern und Tabakwaren ist daher auch bereits instanzgerichtlich festgestellt worden, dass ein Vertragsschluss zu abweichenden Konditionen einen Wettbewerbsverstoß darstellt.[526] Weniger klar ist

---

[521] *Hefermehl/Köhler/Bornkamm*[24](*-Köhler*) (Fn. 51), § 4 UWG Rn. 11.139, unter Bezugnahme auf BGH 15.5.2003, GRUR 2003, 969, 970 - Ausschreibung von Vermessungsleistungen.

[522] § 1 BPrBindG.

[523] Nomos(*-Benkwitz*), Erläuterungen zum Deutschen Bundesrecht (Losebl. 1949 ff.), § 24 TabStG (August 2002).

[524] *Hefermehl/Köhler/Bornkamm*[24](*-Köhler*) (Fn. 51), § 4 UWG Rn. 11.139 unter Bezug auf BGH 15.5.2003, GRUR 2003, 969, 970 - Ausschreibung von Vermessungsleistungen.

[525] *Hefermehl/Köhler/Bornkamm*[24](*-Köhler*) (Fn. 51), § 4 UWG Rn. 11.141.

[526] OLG Frankfurt 2.6.2004, GRUR-RR 2004, 255; 15.6.2004, MMR 2004, 685 ff..

allerdings, ob die Verletzung der Preisbindung erst durch den Abschluss eines Vertrages eintritt, oder ob bereits das Veröffentlichen eines Versteigerungsartikels über eine preisgebundene Ware oder Dienstleistung zu einem niedrigeren Startpreis genügt. Nach Ansicht des Oberlandesgerichts Hamburg verstößt das Werben mit Telekommunikationsleistungen zu nicht genehmigten Niedrigpreisen nicht gegen §§ 28 ff. Telekommunikationsgesetz (TKG) (a.F.), die die Preise für Telekommunikationsleistungen der vorherigen Genehmigung durch die zuständige Behörde unterwerfen.[527] Schließlich bestehe zwischen Werben und Verlangen ein substantieller Unterschied, der aufgrund der einschneidenden Wirkung auf die unternehmerische Freiheit nicht ohne eine ausdrückliche gesetzliche Regelung nur auf Grundlage der Ratio der §§ 28 ff. TDG (a.F.) überbrückt werden könne.[528] Auch der Wortlaut der anderen Preisbindungsvorschriften, denen zufolge der Preis „bei Verkauf" (BPrBindG) oder „bei Abgabe" (TabStG, AMPreisV) einzuhalten ist, beziehungsweise keine abweichenden Gebühren „vereinbart oder gefordert" (BRAO) werden dürfen, stellt auf den Vertragsschluss, nicht aber auf das Werben mit abweichenden Preisen ab.

Da sich die Preise bei den meisten Versteigerungen während des Auktionsverlaufes erheblich verändern, könnte man die Startpreise als bloße Werbemaßnahme auffassen, auf die gesetzliche Preisbindungen nicht anwendbar sind. Anders als reine Werbeanzeigen stellen die Startpreise jedoch verbindliche Angebote dar, an die ein Anbieter auch dann gebunden ist, wenn Preise erzielt werden, die deutlich unter dem Marktüblichen liegen.[529] Da die Bieter von Online-Auktionen in der Regel besonders günstige Preise erwarten und beim Veräußern von Waren zudem Portokosten anfallen, ist es darüber hinaus unwahrscheinlich, dass Auktionen das von den Gebührenvorschriften vorgegebene Preisniveau erreichen. Der Startpreis einer Online-Auktion ist daher ebenso geeignet, gegen Preisvorschriften zu verstoßen, wie ein entsprechendes Angebot im Rahmen eines herkömmlichen Rechtsgeschäfts. Zu Recht hat das OLG Frankfurt daher auch bereits in dem Anbieten von Zigarren über Online-Auktionen unter Nichteinhaltung der Preisbindung einen Wettbewerbsverstoß gesehen.[530]

---

527 OLG Hamburg 2.3.2000, GRUR 2001, 262, 263.
528 OLG Hamburg 2.3.2000, GRUR 2001, 262, 263.
529 BGH 7.11.2001, BGHZ 149, 129, 133.
530 OLG Frankfurt 2.6.2004, GRUR-RR 2004, 255.

III) Versteckte Mindestpreise

Einige Plattformen geben den Anbietern die Möglichkeit, versteckte Mindestpreise zu benennen, unter denen die Gebote nicht verbindlich sind. Da die Bieter nur das gegebenenfalls unter dieser Grenze liegende aktuelle Höchstgebot sehen können, bekommen sie nach Abgabe eines zu niedrigen Gebotes von der Auktionsplattform die Mitteilung, dass ihre Gebote mangels Erreichen der Preisgrenze den Anbieter nicht binden würden. Hierin könnte sowohl ein Verstoß gegen die Preisangabenverordnung als auch gegen das Irreführungsverbot liegen.

1) Verstoß gegen § 1 Abs. 1 PAngV, 312c Abs. 1 BGB

Gemäß § 1 Abs. 1 PAngV hat jeder gewerbliche Anbieter von Waren oder Dienstleistungen gegenüber Letztverbrauchern (B2C) die Endpreise seiner Angebote anzugeben. Die gleiche Verpflichtung folgt aus § 312c Abs. 1 BGB i.V.m. § 1 Nr. 7 BGB-InfoV. Diese Verpflichtungen gelten nach der hier vertretenen Auffassung auch für Verträge, die über Online-Auktionen geschlossen werden.[531] Unter Berücksichtigung des Gesetzeszweckes, dem Verbraucher die für eine Marktentscheidung erforderliche Vergleichbarkeit der Angebote zu verschaffen,[532] ist unter Endpreis grundsätzlich der Preis zu verstehen, zu dem das Angebot in dem jeweiligen Zeitpunkt erworben werden kann. Diese Anforderung wird bei Online-Auktionen durch die Angabe des aktuellen Höchstgebotes erfüllt. Zwar erhält der Bieter im Gegensatz zu anderen Geschäftsformen nur die Chance auf einen Vertragsschluss, auch diese kann er jedoch nur im Vergleich zu anderen Angeboten sinnvoll bewerten. Im Falle eines Mindestpreises kann ein Bieter diese Chance jedoch nicht durch ein Überbieten des aktuellen Höchstgebotes, sondern nur durch ein über dem Mindestpreis liegendes Gebot erwerben. Die von der Preisangabenverordnung bezweckte Vergleichbarkeit müsste also auf der Grundlage dieses Mindestpreises erfolgen. Das Verbergen dieser Preisgrenze durch die Vereinbarung eines versteckten Mindestpreises verstößt daher gegen § 1 Abs. 1 PAngV. Ausgenommen sind allerdings Angebote, die sich ausschließlich an Unternehmer richten, § 9 Abs. 1 Nr. 1 PAngV.

---

[531] Oben 4. Teil B) I) 2) b) bb).
[532] *Hefermehl/Köhler/Bornkamm*[24]*(-Köhler)* (Fn. 51), PAngV Vorbemerkungen Rn. 2.

2) Irreführung

Die Verwendung versteckter Mindestpreise könnte außerdem eine Irreführung der Verbraucher darstellen. Im Unterschied zur Verwendung unrealistisch niedriger Startpreise,[533] erhalten die Bieter bei verdeckten Mindestpreisen durch die Abgabe eines darunter liegenden Gebotes noch nicht einmal die Chance, die Auktion für sich zu entscheiden. Da die Bieter die verdeckte Preisgrenze nicht erkennen können, erleiden die meisten von ihnen eine entsprechende Fehlvorstellung. Da ein infolge dieser Fehlvorstellung abgegebenes Gebot aber gerade nicht zu einem Vertragsschluss führt, kann sich die Irreführung nicht unmittelbar auf den Wettbewerb auswirken. Auch ein in dem Anlocken potentieller Bieter liegende mittelbare Bedeutung für den Wettbewerb ist ausgeschlossen, da die Bieter unmittelbar nach der Gebotsabgabe mitgeteilt bekommen, dass ein vorhandener Mindestpreis noch nicht erreicht worden ist. Da bis zum Erreichen dieser Preisgrenze noch nicht einmal eine Chance auf einen Vertragsschluss besteht, wäre das Angebot noch weniger attraktiv als ein reguläres Angebot mit einem niedrigen Startpreis. Die Verwendung versteckter Mindestpreise stellt daher keine Irreführung der Verbraucher dar.

IV) Bietagenten

Durch die in einige Auktionsplattformen integrierten Bietagenten wird nicht der höchste von einem Bieter eingegebene Betrag als Höchstgebot in dem Angebotsartikel angegeben, sondern nur der Betrag, der notwendig ist, um das zweithöchste Gebot zu verdrängen.[534] Andere Bieter erfahren daher nicht, dass bereits ein höheres Maximalgebot abgegeben worden ist. Die Angabe eines niedrigeren als des tatsächlich abgegebenen Höchstgebotes könnte gegen die von § 1 Abs. 6 PAngV geforderte Preisklarheit verstoßen. Zweck der Preisklarheit ist es, eine Vergleichbarkeit zwischen unterschiedlichen Angeboten zu gewährleisten.[535] Gegenstand der Vergleichbarkeit ist bei einer Auktion das jeweils aktuelle Höchstgebot. Das Höchstgebot ist aber auch dann nur der angezeigte Betrag, wenn der Bieter ein höheres, von einem Bietagenten verwaltetes Maximalgebot eingegeben hat. Sämtliche über dem erforderlichen Betrag eingegebenen Gebote hat der Bieter nämlich unter der aufschiebenden Bedingung gemäß § 158 Abs. 2 BGB abgegeben, dass das Gebot eines Dritten eine Steigerung des eigenen Gebots erforderlich macht. Solange diese Bedingung

[533] Oben 4. Teil C) I).
[534] Oben 2. Teil E) II) 2).
[535] *Hefermehl/Köhler/Bornkamm*[24](*-Köhler*) (Fn. 51), PAngV Vorbemerkungen Rn. 2.

nicht eintritt, gilt nur das angezeigte Gebot als abgegeben. Das angezeigte Gebot stellt daher das Höchstgebot dar, so dass die Verwendung eines Bietagenten nicht gegen das Gebot der Preisklarheit verstößt.

V) Shill-Bidding

Nicht selten nutzen Anbieter die Hilfe ihnen vertrauter Personen oder zusätzliche eigene Pseudonyme dazu, das aktuelle Höchstgebot hochzutreiben. Feststellbar ist diese auch als „Shill Bidding" bezeichnete Abgabe nicht ernst gemeinter Gebote in der Praxis vor allem über das Indiz, dass zwei Bieter im Rahmen auffällig vieler Auktionen miteinander handeln oder gehandelt haben. Für die Plattformanbieter kann auch eine am Familiennamen der Bieter und Anbieter erkennbare Verwandschaft ein Anhaltspunkt dafür sein, dass die Gebote nicht ernst gemeint sind.

Die Scheingebote verstoßen zwar oftmals gegen die Geschäftsbedingungen der Plattformbetreiber, ob darin aber zugleich unlautere Wettbewerbshandlungen liegen, ist nicht selbstverständlich. Möglich ist, dass das Betreiben eines Auktionsangebotes, dessen Preis unter Einwirkung von „Shill-Bidding" zustande kommt, eine irreführende Werbung darstellt, § 5 UWG. Da zum Begriff der Werbung jede zum Zwecke der Absatzförderung erbrachte Äußerung gehört, handelt es sich bei der Angabe des Preises um Werbung im Sinne des § 5 UWG.

Zu prüfen ist, ob das „Shill-Bidding" zu einer Irreführung der angesprochenen Verkehrskreise führt. Gemäß § 5 Abs. 1, 2 Nr. 2 UWG sind bei der Beurteilung des Irreführungspotentials insbesondere Angaben über den Preis oder die Art und Weise, in der er berechnet wird, zu berücksichtigen. Das „Shill-Bidding" führt jedoch weder zu einer Täuschung über den Preis selbst, da der angezeigte Preis tatsächlich zutreffend ist, noch zu einer Täuschung über die rechnerische Zusammenstellung des Preises.

Getäuscht wird nicht über diese unter dem Oberbegriff der Preisklarheit zusammenzufassenden Gesichtspunkte, auch die unmittelbare Wahrheit wird nicht beeinträchtigt. Getäuscht wird über den dahinter liegenden Preismechanismus: die Bieter vertrauen darauf, dass die konkurrierenden Gebote auf ernst gemeinten Kaufabsichten beruhen, die unter Abwägung der angebotenen Leistung mit dem Preisgebot zustande gekommen sind und sich das aktuelle Höchstgebot deshalb am Marktwert orientiert. Beim „Shill Bidding" ist eben dies nicht der Fall, die zum Zwecke der Preissteigerung abgegebenen Gebote haben mit dem Wert der angebotenen Leistung nichts zu tun.

Zur Beurteilung des „Shill-Biddings“ unter dem Gesichtspunkt der Irreführung ist daher die Frage zu beantworten, ob auch die mittelbare Preiswahrheit, nämlich die über das Zustandekommen eines Preises, von § 5 Abs. 1, 2 Nr. 2 UWG geschützt wird. Der Vergleich mit anderen Fallgruppen des Irreführungsverbots zeigt, dass dies der Fall ist. Anerkannt ist, dass ein Verstoß gegen diese Vorschrift vorliegt, wenn Angebote als Sonderverkäufe oder Sonderveranstaltungen angekündigt werden, obwohl der angebliche besondere Anlass nicht gegeben ist. Bekannte Beispiele hierfür sind vermeintliche Jubiläums- oder Räumungsaktionen.[536] Hierbei kommt es nicht darauf an, dass jedes einzelne Angebot im Einzelfall tatsächlich besonders günstig ist, Gegenstand der Irreführung ist vielmehr das unberechtigte Vertrauen auf eine Verkaufssituation, die günstigere Angebote zumindest wahrscheinlich macht. Nicht anders ist das „Shill Bidding“ zu beurteilen. Auch dort wird das Vertrauen der Bieter in eine den Mechanismen der Online-Auktionen entsprechende Preisfindung getäuscht. Das „Shill Bidding“ verstößt gegen § 5 Abs. 1, 2 Nr. 2 UWG und stellt daher eine unlautere Wettbewerbshandlung dar.

D) Unzulässige Waren

Unlauter kann darüber hinaus auch der Inhalt bestimmter Angebote sein. Soweit das Angebot bestimmter Dienstleistungen oder Waren allgemein verboten ist, gilt dies auch für Online-Auktionen. Neben dem gewerberechtlichen Verbot, Neuwaren in Versteigerungen zu handeln, hat im Rahmen von Online-Auktionen der Handel mit importierten Waren eine besondere praktische Bedeutung.

I) Anbieten von Neuware

Gemäß § 34b Abs. 6 Nr. 5 b) GewO ist es dem Versteigerer verboten, Sachen zu versteigern, die zu den Waren gehören, die in offenen Verkaufsstellen angeboten werden und entweder ungebraucht oder für den Verbrauch bestimmt sind. Nachdem bereits festgestellt wurde,[537] dass Online-Auktionen nicht mit dem Versteigerungsbegriff aus § 34b GewO vergleichbar sind, findet das Verbot des Versteigerns von Neuware auf Online-Auktionen keine Anwendung.

---

[536] *Hefermehl/Köhler/Bornkamm*[24](*-Bornkamm*) (Fn. 51), § 5 UWG Rn. 7.10, 7.11.
[537] Oben 4. Teil A) I) 2).

II) Importierte Waren

Der Handel mit Importwaren ist problematisch, wenn an den Waren gewerbliche Schutzrechte bestehen. Dies ist bei Werken im Sinne des Urheberrechts der Fall, ebenso bei Waren, deren Marken geschützt sind. Generell kann der Rechteinhaber, der eine geschützte Ware willentlich in den Verkehr gebracht hat, den weiteren Handel mit der Ware und die dazugehörige Nennung nicht untersagen.[538] Gemäß § 24 Abs. 1 MarkenG und § 17 Abs. 2 UrhG sind die Rechte mit dem Inverkehrbringen erschöpft. Jedoch gilt dieser Grundsatz nur für ein Inverkehrbringen innerhalb der Europäischen Union oder des Europäischen Wirtschaftsraums. § 24 Abs. 1 MarkenG und § 17 Abs. 2 UrhG finden aber auf Waren, die außerhalb der EU oder des EWR in den Verkehr gebracht worden sind, keine Anwendung.[539] Soweit der Rechteinhaber nicht ausdrücklich oder zumindest konkludent eingewilligt hat, stellt daher das Angebot von Waren, die außerhalb von EU und EWR erworben wurden, einen Verstoß gegen das Marken- oder das Urhebergesetz dar.[540]

E) Bestätigungsschreiben

Sobald ihnen die Auktionsplattform nach Auktionsende die Kontaktdaten ihres Vertragspartners mitteilt, haben die Anbieter erstmals Gelegenheit, direkten Kontakt zu ihren Kunden aufzunehmen.

I) Verbraucherinformationen gemäß § 312c Abs. 2 BGB

Die Notwendigkeit eines weiteren Informationsaustauschs zwischen den Vertragsparteien könnte sich aus den Informationspflichten gemäß § 312c Abs. 2 BGB ergeben. Diese Vorschrift stellt eine Fortsetzung der in § 312c Abs. 1 geregelten Angabepflichten dar. Bei Verbrauchergeschäften (B2C) sind die in § 312c Abs. 1 i.V.m. § 1 BGB-InfoV genannten Informationen dem Verbraucher zusätzlich in Textform zu übersenden, damit dieser auch während und nach der Vertragserfüllung die zur Durchsetzung seiner Rechte erforderlichen Kennt-

[538] *Ingerl/Rohnke*[2] (Fn. 477), § 24 MarkenG Rn. 49.
[539] *Ingerl/Rohnke*[2] (Fn. 477), § 24 MarkenG Rn. 44.
[540] EuGH 1.7.1999 - Rs. C-173/98, Slg. 1999, I-4114, 4122 f. Rn. 22 - Sebago Inc./Ancienne Maison Dubois et Fils SA.

nisse besitzt.[541] Eine Verletzung dieser Pflicht könnte einen Rechtsbruch darstellen, §§ 3, 4 Nr. 11 UWG.

Ebenso wie § 312c Abs.1 BGB[542] stellt diese Vorschrift eine Marktverhaltensregel dar, die auch dem Schutz der Marktteilnehmer dient. Die nachvertraglichen Informationen sollen dem Verbraucher seine Möglichkeiten aufzeigen, sich nach Vertragsschluss von dem Vertrag zu lösen.

1) Notwendigkeit weiterer Verbraucherinformationen

Eine weitere Unterrichtung der Verbraucher wäre nicht erforderlich, wenn bereits die bei Online-Auktionen gemäß § 312 Abs. 1 BGB erforderliche Aufnahme der Informationen in die Artikelbeschreibung eine Mitteilung in Textform darstellt.

§ 126b BGB definiert die Textform als eine zur dauerhaften Wiedergabe in Schriftzeichen geeigneten Weise, bei der die Person des Erklärenden genannt und der Abschluss der Erklärung durch Nachbildung der Namensunterschrift oder anders erkennbar gemacht wird. Der Zweck der Vorschrift besteht darin, der vor allem im Rahmen der Verbraucherschutzrechte relevanten Informationserteilung einen gesetzlichen Rahmen zu geben.[543] Während mündliche Erklärungen der verbraucherschützenden Funktion nicht gerecht werden können, würde die mit der Schriftform verbundene eigenhändige Erklärung eine unangemessene Belastung der Unternehmer darstellen.[544] Eine dauerhafte Wiedergabe in Schriftform kann nicht nur durch Dokumente in Papierform, sondern ebenso in elektronischer Form erfolgen.[545]

Eine Mitteilung in der vorgeschriebenen Form setzt allerdings voraus, dass die Informationen irreversibel in den Machtbereich des Verbrauchers übergegangen

---

[541] MünchKomm BGB[4](-*Wendehorst*) (Rn. 321), § 312c BGB Rn. 78.

[542] *Hefermehl/Köhler/Bornkamm*[24](-*Köhler*) (Fn. 51), § 4 UWG Rn. 11.163.

[543] Regierungsentwurf eines Gesetzes zur Anpassung der Formvorschriften des Privatrechts und anderer Vorschriften an den modernen Rechtsgeschäftsverkehr, BT-Drucks. 14/4987, 19.

[544] Regierungsentwurf eines Gesetzes zur Anpassung der Formvorschriften des Privatrechts und anderer Vorschriften an den modernen Rechtsgeschäftsverkehr, BT-Drucks. 14/4987, 10.

[545] Regierungsentwurf eines Gesetzes zur Anpassung der Formvorschriften des Privatrechts und anderer Vorschriften an den modernen Rechtsgeschäftsverkehr, BT-Drucks. 14/4987, 19.

sind.[546] Hierfür müssen die Informationen dem Empfänger entweder in Papierform zugegangen oder aber in elektronischer Form auf einem Datenträger des Empfängers gespeichert worden sein. Die Speicherung der Information auf der Festplatte eines Rechners des Verbrauchers ist daher ausreichend, unabhängig davon, ob sie als eMail oder Download zugegangen ist, eine Zwischenspeicherung im Arbeitsspeicher genügt hingegen nicht.[547] Die Darstellung auf einer Homepage oder in der Artikelbeschreibung eines Auktionsangebots stellt keine dauerhafte Speicherung dar.[548] Gemäß § 312c Abs. 2 BGB ist also eine weitere Unterrichtung des Verbrauchers erforderlich. Die hierfür erforderliche Textform wird nicht nur durch eine schriftliche Information per Post, sondern auch über eine eMail oder ein Telefax erfüllt.[549]

2) Inhalt und Gestaltung

Anzugeben sind die Vertragsbestimmungen, einschließlich der vom Unternehmer verwendeten Allgemeinen Geschäftsbedingungen, die in Absatz 1 genannten Informationen sowie gemäß § 312c Abs. 2 BGB i.V.m. § 1 Abs. 4 S. 1 Nr. 3 BGB-InfoV Informationen über den Kundendienst des Unternehmers und geltende Gewährleistungs- und Garantiebedingungen.[550] Inhaltlich weisen diese Angabepflichten keine über die im Rahmen der Informationspflichten gemäß § 312c Abs. 1 BGB dargestellten Einzelheiten hinausgehenden Besonderheiten auf.[551]

In Betracht kommt aber ebenso eine rein grafische Kennzeichnung oder ein Abschluss durch eine Grußformel. Gemäß § 1 Abs. 4 S. 3 BGB-InfoV ist es zwar zulässig, die Informationen in die Vertragsbedingungen oder die Allgemeinen Geschäftsbedingungen des Unternehmers aufzunehmen. In diesem Fall müssen

---

[546] Regierungsentwurf eines Gesetzes über Fernabsatzverträge und andere Fragen des Verbraucherrechts sowie zur Umstellung von Vorschriften auf Euro. BT-Drucks. 14/2658, 41.

[547] *Bamberger/Roth(-Schmidt-Räntsch)* (Fn. 71), § 312c BGB Rn. 21; MünchKomm BGB[4](-*Einsele*) (Rn. 70) § 126b BGB Rn. 4, der die Speicherung auf einer Festplatte für erforderlich hält.

[548] Vgl. *Fezer(-Hoeren)* (Fn. 147), § 4-S13 Rn. 54.

[549] *Bamberger/Roth(-Wendtland)* (Fn. 71), § 126b BGB Rn. 5.

[550] Weitere Angabepflichten bestehen für Finanzdienstleistungen und Dauerschuldverhältnisse mit einer Dauer von über einem Jahr, § 312c Abs. 2 Nr. 1, § 1 Abs. 4 Nr. 3a) BGB-InfoV. Der Abschluss solcher Verträge über Online-Auktionen ist zwar möglich, gleichwohl aber eine Ausnahme, so dass hier nicht näher darauf eingegangen wird.

[551] Oben 4. Teil B) I) 3) c).

aber die Angaben zur ladungsfähigen Anschrift, die Belehrung über das Widerrufsrecht, Informationen über einen Kundendienst des Unternehmers und Angaben zur Gewährleistung und Garantie des Unternehmers hervorgehoben und deutlich gestaltet sein.

3) Zeitpunkt

Die Übersendung der Informationen muss gemäß § 312c Abs. 2 BGB alsbald, spätestens aber bis zur vollständigen Erfüllung des Vertrags, bei Waren spätestens bis zur Lieferung an den Verbraucher, erfolgen.

II) Gewerbliche Pflichtangaben

Da die aus § 80 AktG, 35a GmbHG, §§ 125a, 37a HGB und § 15b GewO folgenden Angabepflichten auch auf den elektronischen Geschäftsverkehr Anwendung finden, müssen die in den Vorschriften genannten Informationen in die Bestätigungsschreiben aufgenommen werden. Neben dem Namen und der Anschrift des Geschäftssitzes sind insbesondere die Rechtsform, die gesetzlichen Vertreter und das Registergericht und die Registernummern anzugeben sowie weitere, von der jeweiligen Rechtsform abhängige Informationen.

5. Teil: Besonderheiten bei Abwärtsauktionen

Trotz des unterschiedlichen Prinzips der Preisentwicklung bestehen zwischen Abwärts- und Aufwärtsauktionen im Internet weit reichende Gemeinsamkeiten. Für die meisten wettbewerbsrechtlichen Probleme gelten daher keine Besonderheiten.

Etwas anderes gilt aber, wenn die Lauterkeit entscheidend von dem Funktionsprinzip der Auktionsplattform abhängig ist. Dies ist bei den Problemen der grundsätzlichen Zulässigkeit von Online-Auktionen und im Zusammenhang mit dem fernabsatzrechtlichen Widerrufsrecht der Fall. Fragen wirft der Versteigerungsmechanismus aber auch hinsichtlich der Bezeichnung des Geschäftsmodells als Versteigerung und der Verwendung überhöhter Startpreise auf.

A) Verstoß gegen § 34b GewO

Die Durchführung von Online-Abwärtsauktionen könnte gegen § 34b Abs. 1 GewO verstoßen. Auch diese Auktionsform ist örtlich nicht begrenzt und wird in der Regel von einer Software an Stelle eines Auktionators geleitet.[552] Somit sind die Gründe, die zur Unanwendbarkeit des § 34b Abs. 1 GewO auf Aufwärtsauktionen geführt haben, auch auf Abwärtsauktionen zu übertragen.[553] Offen kann hingegen bleiben, ob eine Abwärtsauktion bereits deshalb keine Versteigerung im Sinne des § 34b Abs. 1 GewO ist, weil das Merkmal des gegenseitigen Überbietens nicht vorliegt.[554] Für die Durchführung von Abwärtsauktionen im Internet ist keine Erlaubnis gemäß § 34b Abs. 1 GewO erforderlich.[555]

B) Unangemessener unsachlicher Einfluss (§§ 3, 4 Nr. 1 UWG)

Online-Abwärtsauktionen sind möglicherweise aufgrund eines unangemessenen unsachlichen Einflusses auf die Kunden unlauter, gemäß §§ 3, 4 Nr. 1 UWG.

---

[552] Oben 2. Teil E) II) 3).

[553] Für eine Gleichbehandlung von Aufwärts- und Abwärtsauktionen, allerdings mit anderem Ergebnis auch *Klinger*, DVBl 2002, 810. 814, 817.

[554] So aber *Huppertz*, MMR 2000, 65, 67; *Fezer*(*-Mankowski*) (Fn. 13), § 4-S12 Rn. 207.

[555] *Tettinger/Wank*[7](*-Tettinger*) (Fn. 74), § 34b GewO Rn. 5; *Landmann/Rohmer*[46](*-Kahl*) (Fn. 76), § 34b GewO Rn. 6a; *Schulze* (Fn. 158), 146.

I) Frühere Rechtsprechung

Abwärtsversteigerungen wurden über lange Zeit als sittenwidrig eingestuft. Noch 1986 hielt der Bundesgerichtshof das Angebot eines Gebrauchtwagenhändlers für sittenwidrig, den Verkaufspreis eines Pkw täglich um einhundert Deutsche Markt zu senken, bis es von einem Käufer angenommen wird.[556] Die von der Angst, das Angebot nicht rechtzeitig anzunehmen, ausgelöste Anspannung verhindere eine sachliche Auseinandersetzung mit der Werthaltigkeit des Angebots und stehe damit einer angemessenen Findung der Kaufentscheidung entgegen.[557] Dieser Ansicht folgten andere Instanzgerichte.[558]

II) Neuere Rechtsprechung

Siebzehn Jahre später hielt der Bundesgerichtshof einen vergleichbaren Fall, bei dem ein Gebrauchtwagenhändler mit einem wöchentlich um dreihundert Deutsche Mark sinkenden Verkaufspreis geworben hatte, für unbedenklich.[559] In ausdrücklicher Abkehr[560] von seiner früheren Entscheidung begründete das Gericht diese Beurteilung damit, dass allein die von dem Preismodell der Abwärtsauktion erzeugte Spannung den Kaufinteressenten nicht davon abhalten könne, sich über die Angemessenheit des jeweils aktuellen Preises zu informieren.[561]

In einem weiteren Rechtsstreit hatte der Bundesgerichtshof zu entscheiden, ob einer von einer Autovermietung durchgeführten Rückwärtsversteigerung eine Ausnutzung unzulässiger aleatorischer Reize zu Grunde lag.[562] In dem Fall warb das Unternehmen für eine im Internet durchgeführte Verkaufsaktion von gebrauchten Fahrzeugen, bei der der Ausgangspreis alle fünfzehn Sekunden um zweihundertfünfzig Deutsche Mark sinken sollte, bis einer der Interessenten die Aktion mittels Anklickens eines Buttons beendet. Allerdings war die Kaufentscheidung zunächst unverbindlich; erst nach einer Besichtigung des Fahrzeuges musste der Bieter verbindlich über den Kauf entscheiden. Angesichts der fehlenden Rechtsverbindlichkeit der im Zuge der umgekehrten Versteigerung zu

[556] BGH 20.3.1986, GRUR 1986, 622.
[557] BGH 20.3.1986, GRUR 1986, 622.
[558] OLG Köln 27.11.1987, WRP 1988, 326; OLG Hamburg 7.12.2000, GRUR-RR 2001, 113, 114 f..
[559] BGH 13.3.2003, MMR 2003, 465 ff. - Umgekehrte Versteigerung II.
[560] BGH 13.3.2003, MMR 2003, 465, 466 - Umgekehrte Versteigerung II.
[561] BGH 13.3.2003, MMR 2003, 465, 466 - Umgekehrte Versteigerung II.
[562] BGH 13.11.2003, GRUR 2004, 249 ff. - Umgekehrte Versteigerung im Internet.

fällenden Entscheidung über den Zuschlag überrascht es nicht, dass der Bundesgerichtshof in dieser Vertriebsform kein unlauteres Ausnutzen aleatorischer Reize erkennen konnte.[563] Interessanter ist hingegen der Umstand, dass das Gericht auch in dem Modell sinkender Verkaufspreise selbst nur geringe aleatorische Reize ausmachte.[564] Da nämlich die Befürchtung, durch zu langes Zögern die erhoffte Ware an einen anderen Interessenten zu verlieren, zum allgemeinen geschäftlichen Verkehr gehöre, könne nicht angenommen werden, dass das Vertriebsmodell bei einem durchschnittlich informierten, aufmerksamen und verständigen Verbraucher dazu führen würde, von einer Prüfung der Preiswürdigkeit des Angebots abzusehen.[565]

Der jüngeren Rechtsprechung des Bundesgerichtshofs zufolge ist also mit einer Abwärtsversteigerung über das Internet kein unangemessener unsachlicher Einfluss verbunden, wenn die Kaufentscheidung entweder nur unverbindlich ist oder besonders hochwertige Waren veräußert werden, bei denen von einer sachlichen Entscheidung des Käufers auszugehen ist.

III) Stellungnahme

Die Einbindung aleatorischer Elemente in ein Geschäftsmodell stellt für sich genommen noch keinen unangemessenen unsachlichen Einfluss dar.[566] Dies gilt auch für Abwärtsauktionen im Internet. Zwar treten die aleatorischen Motive bei diesem Geschäftsmodell deutlich stärker in den Vordergrund als bei der Aufwärtsauktion. Während der Bieter bei der Aufwärtsauktion im Internet weiß, wann sie endet, ist die Abwärtsauktion vorbei, sobald ein Interessent den Kauf zu dem aktuellen Preis annimmt. Unter Zugrundelegung eines durchschnittlich informierten, aufmerksamen und verständigen Verbrauchers kann jedoch nicht davon ausgegangen werden, dass diese Reize dazu führen, dass die Bieter die sachliche Bewertung des Angebotes vergessen und sich maßgeblich von der in Aussicht gestellten Gewinnchance leiten lassen. Zu Recht weist der Bundesgerichtshof daher darauf hin, dass die Befürchtung, ein Angebot könne von einem konkurrierenden Interessenten erworben werden, zum Wesen normaler Kaufangebote gehöre.[567]

---

[563] BGH 13.11.2003, GRUR 2004, 250, 251 - Umgekehrte Versteigerung im Internet.
[564] BGH 13.11.2003, GRUR 2004, 250, 251 - Umgekehrte Versteigerung im Internet.
[565] BGH 13.11.2003, GRUR 2004, 250, 251 - Umgekehrte Versteigerung im Internet.
[566] Allgemein zur Zulässigkeit aleatorischer Elemente: BGH 17.2.2000, GRUR 2000, 820, 821 - Space Fidelity Peep Show.
[567] BGH 13.3.2003, MMR 2003, 465, 467 - Umgekehrte Versteigerung II.

Anders ist die Situation aber zu beurteilen, wenn mit dem Prinzip der Abwärtsauktionen weitere Umstände verbunden werden, die die spielerischen Reize zusätzlich verstärken.[568] Dies ist bei unangemessen kurzen Intervallen der Preisstufen der Fall. Voraussetzung dafür, dass eine Kaufentscheidung nicht nur aus spielerischen Gründen, sondern auch auf Grundlage einer sachlichen Abwägung getroffen wird, ist die Möglichkeit, sich rechtzeitig über den Wert des Angebots informieren zu können. Da die Gefahr, dass ein anderer Interessent ein Angebot annimmt, unmittelbar nach einer Preissenkung besonders groß ist, ist das aufmerksame Beschaffen von Informationen nur zwischen den Preisstufen möglich. Allerdings bietet das Internet die Möglichkeit, sich über andere Online-Kaufhäuser oder über spezielle Produktbewertungsseiten[569] kurzfristig einen Überblick über konkurrierende Angebote zu verschaffen, so dass hierfür ein relativ kurzer Zeitraum genügt. Dieser Spanne muss für den jeweiligen Einzelfall und unter Berücksichtigung von Art und Wert des Angebots sowie der Verfügbarkeit von Informationen bestimmt werden, in der Regel dürfte aber ein Zeitraum von fünfzehn Minuten zwischen den Preissenkungen für eine sachliche Kaufentscheidung genügen. Bei kürzeren Zeiträumen wäre die Unlauterkeit nur dann nicht gegeben, wenn die Gebotsabgabe für den Bieter keine verbindliche Wirkung hätte.[570]

C) Pflichtinformationen zum Widerrufsrecht

Von erheblicher praktischer Bedeutung ist die Frage, ob Verbrauchern bei Abwärtsauktionen im Internet ein Widerrufsrecht gemäß § 312d BGB zusteht, und welche Informationspflichten sich daraus gegebenenfalls für den Unternehmer ergeben.

I) Geltung des Widerrufsrechts

Ebenso wie Aufwärtsauktionen sind auch die online durchgeführten Abwärtsauktionen Fernabsatzverträge gemäß § 312c BGB. Das somit grundsätzlich anwendbare Widerrufsrecht aus § 312d Abs. 1 BGB wäre nur dann ausgeschlossen, wenn die Ausnahmeregelung aus § 312d Abs. 4 Nr. 5 BGB Anwendung findet. Dann müsste es sich bei Online-Abwärtsauktionen um Versteigerungen

---

568 Vgl. BGH 17.2.2000, GRUR 2000, 820, 821 - Space Fidelity Peep Show; *Schulze* (Fn. 158), 152.

569 Vgl. Fn 264.

570 So auch *Leible/Sosnitza*, MMR 2003, 466, 467.

(§ 156 BGB) handeln oder zumindest eine analoge Anwendung dieser Ausnahmevorschrift geboten sein. Wesentliches Merkmal einer Versteigerung gemäß § 156 BGB ist das Prinzip wechselnder Gebote und der Beendigung durch Zuschlagserteilung. Beide Eigenschaften besitzt die Abwärtsauktion nicht, da sie automatisch mit der Abgabe des ersten Gebots beendet wird.[571] Da die Vorschrift auch keinen von diesen Eigenschaften unabhängigen Regelungsgehalt hat, ist es nicht möglich, sie im Wege einer erweiternden Auslegung auf Abwärtsauktionen zu übertragen.

Möglicherweise lässt sich aber die Ausnahmevorschrift des § 312d Abs. 4 Nr. 5 BGB wie auch bei der Onlineaufwärtsauktion analog auf die Abwärtsauktion im Internet anwenden. Voraussetzungen der Analogie ist das Vorliegen einer Regelungslücke und einer vergleichbaren Interessenslage.[572] Da die gegenständliche Norm eine Ausnahmeregelung darstellt, läge eine Regelungslücke nur dann vor, wenn die Anwendung der ansonsten wirkenden Grundregel nicht dem legislativen Willen entspricht und eine Gleichbehandlung geboten ist.[573] Gegen eine Gleichbehandlung spricht aber die Unterschiedlichkeit von Versteigerungen gemäß § 156 BGB und Abwärtsauktionen im Internet. Während das bloße Fehlen des Zuschlages, wie etwa im Rahmen der analogen Anwendung auf Langzeitauktionen im Internet, nicht den Charakter einer Auktion entfallen lassen muss, zeigt das mit Abwärtsauktionen verbundene Fehlen wechselseitiger Gebote und die entgegen gesetzte Preisentwicklung die grundlegenden Unterschiede zwischen beiden Geschäftsmodellen. Der Entscheidung des Gesetzgebers, bestimmte Versteigerungen vom Widerrufsrecht auszunehmen, kann nicht der Wille entnommen werden, alle Systeme flexibler Preisfindung dem Widerrufsrecht zu entziehen.

Darüber hinaus ist auch die Interessenslage hinsichtlich eines Widerrufsrechts bei Aufwärtsauktionen gemäß § 156 BGB nicht mit der bei Abwärtsauktionen im Internet vergleichbar. Der Umstand, dass bereits das erste abgegebene Gebot zum Vertragsschluss führt, begründet eine größere Gefahr sachfremder und vom spielerischen Reiz getragener Entscheidungen. Dies vergrößert die mit dem Vertragsschluss im Internet verbundenen Risiken, denen das Widerrufsrecht zu begegnen versucht.[574] Eine analoge Anwendung des § 312d Abs. 4 Nr. 5 BGB auf Abwärtsauktionen im Internet ist daher nicht möglich. Somit findet das Widerrufsrecht aus § 312d Abs. 1 BGB auf Online-Abwärtsauktionen Anwendung.

---

[571] Vgl. BGH 13.11.2003, GRUR 2004, 249, 250.
[572] *Larenz/Canaris* (Fn. 134), 191 f..
[573] *Zippelius*, Juristische Methodenlehre[9], 65 f., 67 (§ 11 I b, c).
[574] MünchKomm BGB[4](-*Wendehorst*) (Rn. 321), § 312d BGB Rn. 1.

II) Inhalt der Informationen

Gemäß § 312c Abs.1, 2 i.V.m. § 1 Abs. 4 Nr. 1 BGB-InfoV müssen die Unternehmer die Verbraucher unter anderem über das Bestehen eines Widerrufsrechts und die Bedingungen und Einzelheiten der Ausübung informieren. Die Informationen müssen bei Online-Auktionen zum einen in der Artikelbeschreibung enthalten sein, erforderlich ist zum anderen die Übersendung in Textform.

Zu den notwendigen Angaben über die Bedingungen des Widerrufsrechts gehört auch die Angabe der Widerrufsfrist. Bei Online-Auktionen beträgt die Frist stets einen Monat. Die grundsätzliche Frist von vierzehn Tagen gilt gemäß § 355 Abs. 2 S. 1, 2 BGB nur unter der Voraussetzung, dass der Verbraucher spätestens bei Vertragsschluss eine Widerrufsbelehrung in Textform erhält. Die Einhaltung der Textform setzt gemäß § 126b BGB eine zur dauerhaften Wiedergabe in Schriftzeichen geeignete Form voraus. Dieser Anforderung genügt zwar eine eMail oder ein Download von Internetdaten, nicht aber die Veröffentlichung auf einer Homepage.[575] Da die Anbieter aber erst nach Abschluss einer Auktion die für die Versendung per eMail erforderlichen Daten des Bieters mitgeteilt bekommen, kann die Widerrufsbelehrung in Textform bei Online-Auktionen erst nach Vertragsschluss erfolgen. Gemäß § 355 Abs.2 S. 2 BGB gilt in diesen Fällen daher eine Widerrufsfrist von einem Monat. Soweit die Informationspflichten eingehalten werden beginnt die Widerrufsfrist bei Warenlieferungen gemäß § 312d Abs. 2 1. Var. BGB mit Eingang der Ware beim Verbraucher und bei Dienstleistungen, sobald die Pflichtinformationen dem Verbraucher nach Vertragsschluss in Textform zugehen.

D) Bezeichnung als Auktion oder Versteigerung

Die Bezeichnung der Abwärtsauktionen im Internet als Versteigerungen oder Auktionen stellt keine Irreführung der Kunden gemäß §§ 3, 5 UWG dar.[576] Da der Begriff im Verkehr vielseitig verwendet wird, achtet der Verbraucher darauf, welche konkrete Auktionsart vorliegt.[577] Darüber hinaus liegt es im Interesse der Plattformbetreiber, darauf hinzuweisen, dass sie eine besondere Auktionsart anbieten, so dass diese in der Praxis üblicherweise als Abwärtsauktionen

---

[575] *Bamberger/Roth(-Schmidt-Räntsch)* (Fn. 71), § 312c BGB Rn. 21; MünchKomm BGB[4](-*Einsele*) (Rn. 70) § 126b BGB Rn. 4; vgl. oben 142.

[576] *Ernst*, in: *Spindler/Wiebe* (Hrsg.), Internet-Auktionen und Elektronische Marktplätze (2005), 48 f. (3. Kapitel, Rn. 59).

[577] *Hefermehl/Köhler/Bornkamm*[24](-*Köhler*) (Fn. 51), § 4 UWG Rn. 1.200

bezeichnet werden. Der Tatbestand der Irreführung der Kunden kann daher nicht erfüllt werden.

E) Mondpreise

Eine irreführende Werbung gemäß §§ 3, 5 UWG liegt möglicherweise in der Verwendung von Startpreisen, die weit über den marktgerechten Verkaufspreisen liegen. Im Zusammenhang mit unverbindlichen Preisempfehlungen werden solche Mondpreise für unlauter gehalten, da der Verbraucher davon ausgeht, dass es sich um einen ernsthaft ermittelten, angemessenen Verbraucherpreis handelt, nicht um eine bloße Phantasiegröße.[578]

Es ist aber unwahrscheinlich, dass der Durchschnittsverbraucher dem Startpreis einer Abwärtsauktion eine ähnlich objektive Bedeutung beimisst. Da er weiß, dass sich der Preis im Laufe der Auktion deutlich verringern kann, wird er im Gegenteil gerade nicht erwarten, dass der Anbieter einen Startpreis in Höhe des Marktwertes wählt. Vielmehr ist es offensichtlich, dass der Anbieter den Startpreis höher ansetzen und sich so die Chance eines für ihn günstigen Verkaufs offen halten wird. Da der Verbraucher also mit dem Startpreis nicht auch den Marktwert des Angebots verbindet, kann ein überhöhter Anfangspreis keine Irreführung verursachen.

---

[578] BGH 5.1.1966, BGHZ 45, 115, 128 - Richtpreiswerbung I; 9.2.1966, GRUR 1966, 333, 335 - Richtpreiswerbung II; 24.6.1966, GRUR 1966, 686 - Richtpreiswerbung III; 15.9.1999, GRUR 2000, 436, 437 - Ehemalige Herstellerpreisempfehlung; 3.10.2003.

6. Teil: Zusammenfassung

Beim Anbieten von Waren oder Dienstleistungen über Online-Auktionen ist eine Vielzahl wettbewerbsrechtlicher Schranken zu beachten, wenn der Anbieter nicht als Verbraucher, sondern als Unternehmer handelt.

Die Unternehmereigenschaft eines Anbieters hängt zum einen davon ab, ob er die Nutzung der Plattform planmäßig auf eine gewisse Dauer ausgerichtet betreibt. Diese Ausrichtung kann in der Praxis nur über Indizien festgestellt werden:

- Bei Warenangeboten über Online-Auktionen zeichnet sich die unternehmerische Ausrichtung stets durch die gezielte Beschaffung der Ware aus. In der Praxis ist diese meist an dem wiederholten Angebot von Neuwaren oder von einander ähnelnden Artikeln zu erkennen.

- Bei Dienstleistungsangeboten ist die zu vermutende Dauer der einzelnen Leistungserbringung zur Feststellung der unternehmerischen Ausrichtung eines Anbieters maßgeblich.

- Die Bezeichnung als „Powerseller" und vergleichbare Auszeichnungen besonders aktiver Anbieter begründen in jedem Fall die Unternehmereigenschaft.

Zum anderen muss auch das einzelne Angebot dem unternehmerischen Zweck zuzuordnen sein.

- Zum Nachweis des unternehmerischen Zwecks eines konkreten Angebots genügt in der Regel die inhaltliche Übereinstimmung mit den übrigen Angeboten desselben Anbieters.

- Die Beweislast für den Nachweis der Zweckrichtung des einzelnen Angebots trägt der Bieter. Eine entsprechende Anwendung des § 344 Abs.1 HGB auf § 14 BGB ist nicht möglich.

An der Nutzung von Aufwärts- oder Abwärts-Auktionen im Internet als Vertriebsplattformen bestehen keine generellen wettbewerbsrechtlichen Bedenken.

- Beide Geschäftsmodelle sind keine Versteigerung im Sinne des § 34b Abs. 1 GewO. Da der Betrieb der Auktionsplattformen somit keine gewerberechtliche Erlaubnis voraussetzt, ist auch ihre Nutzung durch die Anbieter unbedenklich.

- Weder die Aufwärts-, noch die Abwärtsauktionen nutzen den Spieltrieb der Auktionsteilnehmer in unlauterer Weise aus. Bei Abwärtsauktionen wird die Grenze zur Unlauterkeit aber durch die Verwendung zu kurzer Preisintervalle, die keinen objektiven Preisvergleich zulassen, erreicht.

- Die Bezeichnung als Auktion oder Versteigerung ist ungeachtet der zivilrechtlichen oder gewerberechtlichen Qualifikation der Geschäftsformen sowohl bei Aufwärts- als auch bei Abwärtsauktionen unbedenklich.

Im Rahmen der Auktionen sind von den Anbietern eine Reihe von Informations- und Angabepflichten zu beachten.

- Soweit sich die Angebote auch an Verbraucher richten, müssen bei der Erstellung der Angebotsbeschreibung die in § 312c Abs. 1 BGB und in § 1 Abs. 1 Nr. 1-12 BGB-InfoV genannten Informationspflichten beachtet werden. Eine Auslagerung der Angaben über einen Link oder ihre Integration in die Geschäftsbedingungen des Anbieters ist nur unter engen Voraussetzungen möglich. Die Nichtangabe des geschäftlichen Zwecks eines Angebots verstößt zwar gegen §§ 3, 4 Nr. 11 UWG i.V.m. § 312c Abs. 1 BGB, stellt aber keine unlautere Irreführung gemäß §§ 3, 5 Abs. 1 UWG dar.

- Zu den Pflichtinformationen gehört auch der Hinweis auf das Bestehen oder Nichtbestehen eines Widerrufsrechts aus § 312d Abs. 1 BGB. Das Widerrufsrecht gilt aber nach der hier vertretenen Ansicht nur bei Abwärtsauktionen. Entgegen der Ansicht des Bundesgerichtshofes sind Aufwärtsversteigerungen gemäß § 312d Abs.4 Nr. 5 BGB analog von dem Widerrufsrecht ausgenommen. Die Widerrufsfrist beträgt stets einen Monat.

- Entgegen der überwiegend vertretenen Ansichten findet auf die an Verbraucher ausgerichteten Angebote auch die Preisangabenverordnung Anwendung, so dass insbesondere die Aufnahme zusätzlicher Preisbestandteile in die Artikelbeschreibung unzulässig ist.

- Ist der Gewinner der Auktion ein Verbraucher, müssen diesem gemäß § 312c Abs.2 BGB weitere Pflichtinformationen per eMail, Telefax oder Postbrief mitgeteilt werden. Hierbei sind auch die gewerblichen Angabepflichten aus der GewO, dem HGB, GmbHG oder AktG zu beachten.

- Soweit die Anbieter besonderen Verhaltenskodizes unterliegen, müssen diese gemäß § 312e Abs.1 Nr. 2 BGB i.V.m. § 3 Nr. 5 BGB-InfoV in die Angebotsbeschreibung aufgenommen werden.

- Hingegen findet die Informationspflicht aus § 6 TDG keine Anwendung, da die Anbieter keine Diensteanbieter im Sinne des § 6 Teledienstegesetzes sind.

Bei der Beurteilung der Zulässigkeit der Verwendung von geistigen Eigentum Dritter für die Angebotsbeschreibung gelten folgende Besonderheiten:

- Das Word-Stuffing und die Verwendung von Meta-Tags in den Beschreibungen der Auktionsartikel stellen markenmäßige Benutzungen dar, die in der Regel gegen das Markengesetz verstoßen.

- Die Verwendung eigener Fotografien von Werken der bildenden Kunst oder Lichtbildwerken unterliegt der Katalogbildfreiheit aus § 58 Abs. 1 UrhG und verletzt daher nicht die Rechte der Urheber.

Weitere Schranken gelten auch für die Preise der Angebote:

- Falls die angebotenen Waren oder Dienstleistungen einer Preisbindung unterliegen, wird diese auch dann durch das Angebot verletzt, wenn im Einzelfall eine günstige Preisentwicklung zu erwarten ist.

- Die Festlegung von versteckten Mindestpreisen verstößt gegen § 1 Abs. 1 PAngV und gegen § 312c Abs. 1 i.V.m. § 1 Abs. 1 Nr. 7 BGB-InfoV.

- Die in der Praxis üblichen Startpreise von einem Euro stellen weder eine Irreführung, noch ein unlauteres Anlocken der Kunden dar. Umgekehrt ist auch bei Abwärtsauktionen die Verwendung so genannter Mondpreise zulässig.

- Unbedenklich ist auch die Verwendung der in viele Auktionsplattformen integrierten Bietagenten.

Literaturverzeichnis

Bamberger, Heinz Georg / Roth, Herbert, Kommentar zum Bürgerlichen Gesetzbuch, Band 1: §§ 1-610, Aktualisierungsdienst 2005 (München 2005)

Baumbach, Adolf / Hopt, Klaus, Handelsgesetzbuch mit GmbH & Co., Handelsklauseln, Bank- und Börsenrecht, Transportrecht (ohne Seerecht): 31. Auflage (München 2003)

Baumbach, Adolf / Hueck, Alfred, GmbH-Gesetz : Gesetz betreffend die Gesellschaften mit beschränkter Haftung: 17. Auflage (München 2000)

Beckmann, Tobias, Versteigerungen im Internet (Hamburg 2004)

Boente, Walter / Riehm, Thomas, Besondere Vertriebsformen im BGB, in JURA: 2002, 222-230

von Bonin, Andreas / Köster, Oliver, Internet im Lichte neuer Gesetze, in: ZUM 1997, 821

Bornkamm, Joachim, Markenrecht und wettbewerbsrechtlicher Kennzeichenschutz - Zur Vorrangthese der Rechtsprechung: GRUR 2005, 97-102

Boujong, Karlheinz / Ebenroth, Carsten Thomas / Joost, Detlev, Handelsgesetzbuch : Kommentar, Bd. 1: §§ 1-342 a: 1. Auflage (München 2001)

Bullinger, Winfried, Internet-Auktionen – Die Versteigerung von Neuwaren im Internet aus wettbewerbsrechtlicher Sicht, in: WRP 2000, 253-258

Bülow, Peter / Artz, Markus, Fernabsatzverträge und Strukturen eines Verbraucherprivatrechts im BGB: NJW 2000, 249-256

Canaris, Claus-Wilhelm, Handelsrecht: 22. Auflage (München 1995)

Deutsch, Andreas, Vertragsschluss bei Internetauktionen - Probleme und Streitstände: MMR 2004, 586 – 589

Ernst, Stefan, Die Online-Versteigerung: CR 2000, 304-312

Ernst, Stefan, Die wettbewerbsrechtliche Relevanz der Online-Informationspflichten des § 6 TDG, in: GRUR 2003, 759-762

Ernst, Stefan, Erscheinungsformen elektronischer Marktplätze, in: *Spindler, Gerald / Wiebe, Andreas,* Internet-Auktionen und Elektronische Marktplätze: 2. Auflage (Köln 2005), 1. Kapitel (1-9)

Ernst, Stefan, Gewerberechtliche Einordnungen von Online-Versteigerungen, in: *Spindler, Gerald / Wiebe, Andreas,* Internet-Auktionen und Elektronische Marktplätze: 2. Auflage (Köln 2005), 2. Kapitel (11-27)

Ernst, Stefan, Wettbewerbsrechtliche Fragen in Online-Marktplätzen, in: *Spindler, Gerald / Wiebe, Andreas,* Internet-Auktionen und Elektronische Marktplätze: 2. Auflage (Köln 2005), 3. Kapitel (29-55)

Fackler, Hartmut / Konermann, Peter, Praxis des Versteigerungsrechts : ein Leitfaden für Verwaltungsbehörden, Kammern, Verbände und gewerbliche Versteigerer (München 1991)

Fezer, Karl-Heinz / Becker-Eberhard, Ekkehard, Kommentar zum Gesetz gegen den unlauteren Wettbewerb (UWG), Band 2: §§ 5-22 UWG (München 2005)

Fezer, Karl-Heinz, Lauterkeitsrecht : Kommentar zum Gesetz gegen den unlauteren Wettbewerb (UWG), Band 1: §§ 1-4 (München 2005)

Fuchs, Andreas, Das Fernabsatzgesetz im neuen System des Verbraucherschutzrechts, in: ZIP 2000, 1273-1287

Fuchs, Bärbel / Demmer, Wilfried, Sitzung des Bund-Länder-Ausschusses „Gewerberecht“ in GewArch 1997, 60-63

Gaul, Björn, Aktuelle Fragen zur Internetversteigerung, WM 2000, 1783-1794

Glanegger, Peter / Güroff, Georg / Kirnberger, Christian / Kusterer, Stefan / Peuker, Monika / Ruß, Werner / Selder, Johannes / Stulfelner, Ulrich, Heidelberger Kommentar zum Handelsgesetzbuch mit den Rechnungslegungsvorschriften nach dem Bilanzrichtlinien-Gesetz und den Steuern der kaufmännischen Personenunternehmen: 6. Auflage (Heidelberg 2002)

Glänzer, Stefan / Schäfers, Björn, Dynamic Trading Network und virtuelle Auktionen im Internet - das Beispiel ricardo.de, in: *Hermanns, Arnold* und *Sauter, Michael*, Management-Handbuch Electronic Commerce - Grundlagen, Strategien, Praxisbeispiele, 2. Auflage, (München 2001), 609-616

Günther, Kurt, Das Gesetz über das Versteigerergewerbe vom 16. Oktober 1934 und die Versteigerervorschriften vom 30. Oktober 1934 mit den Versteigererbestimmungen der Länder: Nachdruck der 1. Auflage (Berlin 1935)

Harte-Bavendamm, Henning / Henning-Bodewig, Frauke, Gesetz gegen den unlauteren Wettbewerb (UWG) : mit Preisangabenverordnung ; Kommentar: 1. Auflage (München 2004)

Heck, Philipp, Das Problem der Rechtsgewinnung: Gesetzesauslegung und Interessenjurisprudenz; Begriffsbildung und Interessenjurisprudenz (Gehlen 1968)

Heckmann, Dirk, E-Commerce: Flucht in den virtuellen Raum? - Zur Reichweite gewerberechtlicher Bindungen des Internethandels, in: NJW 2000, 1370-1375

Hefermehl, Wolfgang / Köhler, Helmut / Bornkamm, Joachim, Wettbewerbsrecht Gesetz gegen den unlauteren Wettbewerb, Preisangabenverordnung: 24. Auflage (München 2006)

Heller, Theodor, Logik und Axiologie der analogen Rechtsanwendung (Berlin 1961)

Herwig, Jan / Lehmhus, Wilko, Wettbewerbsrechtliche Aspekte von Online-Auktionen, in: *Hoeren, Thomas*, Online-Auktionen : Eine Einführung in die wichtigsten rechtlichen Aspekte (Berlin 2002), 157-184

Hess, Gangolf, Versteigerungen im Internet aus wettbewerbsrechtlicher Sicht, in: FS für Paul W. Hertin zum 60. Geburtstag am 15. November 2000 (München 2000), 391-407

Hoenike, Mark / Hülsdunk, Lutz, Die Gestaltung von Fernabsatzangeboten im elektronischen Geschäftsverkehr nach neuem Recht - Gesetzesübergreifende Systematik und rechtliche Vorgaben vor Vertragsschluss, in: MMR 2002, 415-420

Hoeren, Thomas / Müglich, Andreas / Nielen, Michael, Online-Auktionen – Eine Einführung in die wichtigsten rechtlichen Aspekte (Berlin 2002)

Hoeren, Thomas / Müller, Ulf, Widerrufsrecht bei eBay-Versteigerungen, in: NJW 2005, 948-950

Hösch, Ulrich, Gewerberechtliche Einordnung von Internetauktionen, in GewArch 2002, 257-263

Huppertz, Stefanie, Rechtliche Probleme von Online-Auktionen: MMR 2000, 65-72

Husmann, Juliane, Gewerberechtliche Anforderungen an Online-Auktionen, VR 2000, 230-233

Ingerl, Reinhard / Rohnke, Christian, Markengesetz Gesetz über den Schutz von Marken und sonstigen Kennzeichen: 2. Auflage (München 2003)

Jauernig, Othmar, Bürgerliches Gesetzbuch – Kommentar: 11. Auflage (München 2004)

Kaestner, Jan / Tews, Nicole, Informations- und Gestaltungspflichten bei Internet-Auktionen – Teil 1: WRP 2004, 391-400

Kaestner, Jan / Tews, Nicole, Informations- und Gestaltungspflichten bei Internet-Auktionen – Teil 2: WRP 2004, 509-515

Kaufmann, Noogie, Anm. zu BGH 7.4.2005 (MMR 2005, 531): MMR 2005, 533-534

Kaufmann, Noogie, Metatagging – Markenrecht oder reformiertes UWG?: MMR 2005, 348-352

Klinger, Guido, Die gewerberechtliche Beurteilung von sog. Internet-Auktionen, DVBl 2002, 810-817

Koch, Frank, Zivilrechtliche Anbieterhaftung für Inhalte Kommunikationsnetzen, in: CR 1997, 193-203

Köhler, Helmut / Piper, Henning, Gesetz gegen den unlauteren Wettbewerb mit Preisangabenverordnung Kommentar: 3. Auflage (München 2002)

Köhler, Helmut, Die „Bagatellklausel“ in § 3 UWG, in GRUR 2005, 1-9

Köhler, Helmut, Der Rechtsbruchtatbestand im neuen UWG, in GRUR 2004, 381-389

Köhler, Helmut, Wettbewerbsverstoß durch rechtswidrigen Marktzutritt? : GRUR 2001, 777-782

Koller, Ingo / Roth, Wulf-Henning; Morck, Winfried: Handelsgesetzbuch : Kommentar, 5. Auflage (München 2005)

Kotthoff, Jost, Fremde Kennzeichen in Metatags: Marken- und Wettbewerbsrecht: K&R 157, 163

Krugmann, Michael, „Internetauktionen“ als Versteigerungen i. S. des § 34b GewO: NVwZ 2001, 651-654

Kur, Annette, Metatags – pauschale Verurteilung oder differenzierende Betrachtung? Zugleich eine Stellungnahme zur "kennzeichenmäßigen Benutzung" im Lichte der EuGH-Rechtsprechung: CR 448-454

Landmann / Rohmer, Gewerbeordnung und ergänzende Vorschriften, Band I: Gewerbeordnung Kommentar: Stand 1.10.2004 (München 2004)

Larenz, Karl / Canaris, Claus-Wilhelm, Methodenlehre der Rechtswissenschaft: 3. Auflage (Berlin 1995)

Leible, Stefan / Sosnitza, Olaf, Anm. zu BGH 13.3.2003 (MMR 2003, 465) MMR 2003, 466-467

Leible, Stefan / Sosnitza, Olaf, Versteigerungen im Internet (Heidelberg 2004)

Leible, Stefan / Wildemann, Andree, Von Powersellern, Spaßbietern und von einem Widerrufsrecht bei Internet-Auktionen, in K&R 2004, 26-30

Lettl, Tobias, Versteigerung im Internet – BGH, NJW 2002, 363, in: JuS 2002, 219-224

Lorenz, Stephan, Im BGB viel Neues: Die Umsetzung der Fernabsatzrichtlinie, in JuS 2000, 833-843

Mankowksi, Peter, Fernabsatzrecht: Informationen über das Widerrufsrecht und die Widerrufsbelehrung bei Internetauftritten, in: CR 2001, 767-775

Mankowski, Peter, Online-Auktionen, Versteigerungsbegriff und fernabsatzrechtliches Widerrufsrecht, in: JZ 2005, 444-453

Marx, Helmut / Arens, Heinrich, Der Auktionator : Kommentar zum Recht der gewerblichen Versteigerung: 2. Auflage (München 2004)

Menke, Burkhart, Die Verwendung fremder Kennzeichen in Meta-Tags: Ein Fall für das Kennzeichen- und/oder das Wettbewerbsrecht?, in WRP 1999, 982-990

Münchener Kommentar zum Bürgerlichen Gesetzbuch, Band 1: §§ 1-240, AGB-Gesetz, 4. Auflage (München 2001)

Münchener Kommentar zum Bürgerlichen Gesetzbuch, Band 2a: §§ 241-432, 4. Auflage (München 2003)

Münchener Kommentar zum Handelsgesetzbuch, Buch 1: §§ 1-104, 2. Auflage (München 2005)

Musielak, Hans-Joachim, Kommentar zur Zivilprozessordnung mit Gerichtsverfassungsgesetz: 4. Auflage (München 2005)

Mutter, Stefan, Pflichtangaben auf Geschäftsbriefen auch im E-Mail-Verkehr?, in GmbHR 2001, 336-337

Nipperdey, Hans Carl / Enneccerus, Ludwig / Wolff, Martin, Lehrbuch des bürgerlichen Rechts, Bd. 1: Allgemeiner Teil des bürgerlichen Rechts: ein Lehrbuch, Halbbd. 1: Allgemeine Lehren, Personen, Rechtsobjekte: 15. Auflage (Tübingen 1959)

Nomos, Erläuterungen zum Deutschen Bundesrecht, Loseblattsammlung (Baden-Baden 2005)

Obergfell, Eva Inés, Die Onlineauktion als Chimäre des deutschen Vertragsrechts - Kritische Anmerkungen zur Ausweitung des Verbraucherschutzes auf spekulative Geschäfte, in MMR 2005, 495-500

Palandt, Otto / Bassenge, Peter (Bearb.), Bürgerliches Gesetzbuch : mit Einführungsgesetz (Auszug), BGB-Informationspflichten-Verordnung, Unterlassungsklagengesetz, Produkthaftungsgesetz, Erbbaurechtsverordnung, Wohnungseigentumsgesetz, Hausratsverordnung, Lebenspartnerschaftsgesetz, Gewaltschutzgesetz (Auszug): 65. Auflage (München 2006)

Pfeiffer, Thomas, Vom kaufmännischen Verkehr zum Unternehmensverkehr - Die Änderungen des AGB-Gesetzes durch das Handelsrechtsreformgesetz, in NJW 1999, 169-174

Pichler, Rufus, Haftung des Host Providers für Persönlichkeitsrechtsverletzungen vor und nach dem TDG, in: MMR 1998, 79-88

Pohle, Moritz, Anm. zu OLG Düsseldorf 1.10.2002 (MMR 2003, 407): MMR 2003, 408-410

Röhricht, Volker / Graf von Westphalen, Friedrich, Handelsgesetzbuch : Kommentar zu Handelsstand, Handelsgesellschaften, Handelsgeschäften und besonderen Handelsverträgen (ohne Bilanz-, Transport- und Seerecht): 2. Auflage (Köln 2001)

Roßnagel, Alexander, Recht der Multimedia-Dienste: Kommentar zum IuKDG und zum MDStV, Stand: Juni 2004 (München 2005)

Schalhorn, Wolfgang, Worin unterscheiden sich Briefmarkenversteigerungen von Briefmarken-Fernauktionen? : Der Betrieb 1972, 2453-2454

Schlömer, Uwe / Dittrich, Jörg, eBay & Recht Rategeber für Käufer und Verkäufer (Berlin 2004)

Schmalz, Dieter, Methodenlehre für das juristische Studium: 4. Auflage (Baden-Baden 1998)

Schmid, Matthias / Wirth, Thomas, Urheberrechtsgesetz – Handkommentar, 1. Auflage (Baden-Baden 2004)

Schmidt, Karsten, Handelsrecht: 5. Auflage (Köln 1999)

Schönleiter, Ulrich, Internetauktionen sind keine Versteigerungen i.S.d. § 34b GewO, in: GewArch 2000, 49-50

Schrader, Leif, Anm. zu KG 11.5.2001 (MMR 2001, 765): MMR 2001, 767-768

Schulte, Thomas / Schulte, Ulrich, Informationspflichten im elektronischen Geschäftsverkehr - wettbewerbsrechtlich betrachtet, in: NJW 2003, 2140-2124

Schulze, Martin, Internetauktionen aus vertragsrechtlicher und wettbewerbsrechtlicher Sicht (Marburg 2004)

Seifert, Bernd, K&R-Kommentar OLG Oldenburg 2.1.2003 in: K&R 2003, 244-245

Sieber, Ulrich, Die rechtliche Verantwortlichkeit im Internet - Grundlagen, Ziele und Auslegung von § 5 TDG und § 5 MDStV, in: MMR 1999, 2-32 (Beilage)

Sieber, Ulrich, Verantwortlichkeit im Internet – Technische Kontrollmöglichkeiten und multimediarechtliche Regelungen (München 1999)

Spindler, Gerald, Anm. zu BGH 3.11.2004 (MMR 2005, 37): MMR 2005, 40-44

Spindler, Gerald, Die zivilrechtliche Verantwortlichkeit von Internetauktionshäusern - Haftung für automatisch registrierte und publizierte Inhalte? , in: MMR 2001, 737-743

Staub, Hermann / Brüggemann, Dieter, Handelsgesetzbuch : Großkommentar, Band 1, §§ 1-104: 4. Auflage (Berlin 1995)

Staudinger, Ansgar / Schmidt-Bendun, Rüdiger, Kein Ausschluss des Widerrufsrechts des Verbrauchers im Rahmen einer Internetauktion – eBay, in: BB 2005, 732-734

von Staudingers, Julius / Habermann, Norbert / Honsell, Heinrich / Weick, Günter, Kommentar zum Bürgerlichen Gesetzbuch mit Einführungsgesetz und Nebengesetzen, Buch 1: §§ 1-14, Neubearbeitung (Berlin 2004)

von Staudingers, Julius / Löwisch, Manfred / Thüsing, Gregor / Reuter, Dieter, Kommentar zum Bürgerlichen Gesetzbuch mit Einführungsgesetz und Nebengesetzen, Buch 2: §§ 311, 311a, 312, 312a-f, Neubearbeitung (Berlin 2005)

Stenger, Gernot, Versteigerungen im Internet, in: *Kaminski, Bert / Henßler, Thomas / Kolaschnik, Helge / Papathoma-Baetge, Anastasia,* Rechtshandbuch E-Business (Neuwied 2002), 875-907

Stickelbrock, Barbara, „Impressumspflicht" im Internet – eine kritische Analyse der neueren Rechtsprechung zur Anbieterkennzeichnung nach § 6 TDG, in GRUR 2004, 111-117

Teuber, Hanno / Melber, Michael, "Online-Auktionen" - Pflichten der Anbieter durch das Fernabsatzrecht: MDR 2004, 185-190

Ubber, Thomas / Jung-Weiser, Gisela / Bousonville, Ruth Maria, Markenrecht im Internet (Heidelberg 2002)

Ullmann, Eike, Das Koordinatensystem des Rechts des unlauteren Wettbewerbs im Spannungsfeld von Europa und Deutschland: GRUR 2003, 817-825

v. Welser, Marcus, Wettbewerbs- und urheberrechtliche Probleme bei Online-Auktionen, in ZUM 2000, 472-477

Vehslage, Thorsten, Anm. zu LG Hamburg 14. 4. 1999 (MMR 1999, 678): MMR 1999, 680-682

Viefhues, Martin, Internet und Kennzeichenrecht: Meta-Tags: MMR 1999, 336-341

Völker, Stefan, Preisangabenrecht, Recht der Preisangaben und Preiswerbung: 1. Auflage (München 1996)

Waldenberger, Arthur, »Alles schwebend unwirksam« - Distanzgeschäfte nach dem Referentenentwurf eines Fernabsatzgesetzes, in K&R 1999, 345-354

Waldenberger, Arthur, Teledienste, Mediendienste und die „Verantwortlichkeit" ihrer Anbieter, in: MMR 1998, 124-129

Wandtke, Artur-Axel / Bullinger, Winfried, Gesetz zur Regelung des Urheberrecht in der Informationsgesellschaft – Ergänzungsband zum Praxiskommentar zum Urheberrecht, 1. Auflage (München 2003)

Wiebe, Andreas, Vertragsschluss und Verbraucherschutz, in: *Spindler, Gerald / Wiebe, Andreas*, Internet-Auktionen und Elektronische Marktplätze: 2. Auflage (Köln 2005), 4. Kapitel (57-123)

Wilmer, Thomas, Rechtliche Probleme der Online-Auktionen, in NJW-CoR 2000, 94-104

Woitke, Thomas, Anm. zu LG Osnabrück 6.11.2002 (VuR 2003, 116) VuR 2003, 117-119

Woitke, Thomas, Das „Wie“ der Anbieterkennzeichnung gemäß § 6 TDG, in: NJW 2003, 871-873

Woitke, Thomas, Informations- und Hinweispflichten im E-Commerce, in: BB 2003, 2469-2477

Zippelius, Reinhold, Juristische Methodenlehre: 9. Auflage (München 2005)

Zöllner, Wolfgang: Recht und Politik. Zur politischen Dimension der Rechtsanwendung: Tradition und Fortschritt im Recht – FS gewidmet der Tübinger Juristenfakultät zu ihrem 550jährigen Bestehen 1977 von ihren gegenwärtigen Mitgliedern (Tübingen 1977), 131-157

Schriften zum Wirtschafts- und Medienrecht, Steuerrecht und Zivilprozeßrecht

Herausgegeben von Jürgen Costede und Gerald Spindler

Band 1 Reiner Fu: Die stille Gesellschaft im internationalen Steuerrecht aus deutscher Sicht. 1997.

Band 2 Kirsten Forsblad: Restschuldbefreiung und Verbraucherinsolvenz im künftigen deutschen Insolvenzrecht. 1997.

Band 3 Vassilios Tountopoulos: Die Reichweite der registerrechtlichen Gründungsprüfung einer AG. Eine Untersuchung unter rechtsvergleichendem Aspekt. 1998.

Band 4 Franc Pfahl: Die Maßgeblichkeit der Handelsbilanz, ein dem Steuerbilanzrecht vorgegebenes Grundprinzip? Von der Notwendigkeit einer steuerrechtlichen Begründung der durch § 5 Abs. 1 EStG in das Steuerrecht übernommenen handelsrechtlichen Vorschriften der Gewinnermittlung. 1999.

Band 5 Michael Schröder: Die Wertpapierhandelsaufsicht nach dem Zweiten Finanzmarktförderungsgesetz. 1998.

Band 6 Daniela Hasche: Die Sachgründung der GmbH. 1999.

Band 7 Oliver Wendt: Die rechtliche Problematik von Strahlenschäden. Rechtliche und rechtstatsächliche Aspekte der Haftung für Strahlenschäden unter Einbeziehung der Vorfälle in der strahlentherapeutischen Abteilung des Universitäts-Krankenhauses Eppendorf. 2000.

Band 8 Susanne Matussek: Zum Werbungskostenbegriff im Einkommensteuerrecht. 2000.

Band 9 Klaas Ziervogel: Rufausbeutung im Rahmen vergleichender Werbung. Veränderungen im Zuge der gesetzlichen Regelung vergleichender Werbung. 2002.

Band 10 Sven Wortberg: Lösungsklauseln und Insolvenz. 2003.

Band 11 Eva Ullrich: Die Zurechnung von Buchgutschriften. Zufluß und Leistungsfähigkeit im Einkommensteuerrecht. 2004.

Band 12 Carmen Werner: Einkommensteuerrechtliche Zurechnungen bei mittelbaren Beteiligungen an Personengesellschaften. 2003.

Band 13 Ulf Andreas Nissen: Die Online-Videokonferenz im Zivilprozess. 2004.

Band 14 Oliver Wiegmann: Grund, Grenzen und Wirkungsweise des § 105 InsO. 2004.

Band 15 Holger Seidler: Eigene Aktien. Eine Analyse des Aktien-, Handelsbilanz- und Kapitalmarktrechts zur Ermittlung von Deregulierungspotential und Regulierungsbedarf. 2004.

Band 16 Stefan Eck: Providerhaftung von Konzernunternehmen. Rechtliche Zusammenschau von Konzernunternehmen bei der Verbreitung rechtsverletzender Informationen im Internet. 2004.

Band 17 Frauke Fasold: Die einkommensteuerliche Problematik der Buchwertfortführung. Übertragung stiller Reserven und Gewinnrealisierung im Einkommensteuerrecht. 2005.

Band 18 Thomas Linke: Selbstregulierte Streitlösung für deutsche Domains. 2005.

Band 19 Malte Abel: Pfändungsschutz nach § 851 ZPO. Speziell die Pfändung zweckgebundener Forderungen. 2005.

Band 20 Harriet Eidam: Typische Risiken des elektronischen Rechtsgeschäftsverkehrs. 2005.

Band 21 Katharina Schmitz: Haftung für Links. Zur Verantwortlichkeit des Hyperlinksetzers und Suchmaschinenbetreibers unter besonderer Berücksichtigung von Verkehrs- und Garantenpflichten. 2006.

Band 22 Thomas Miserre: Rundfunk-, Multimedia- und Telekommunikationsrecht. Abgrenzung der Anwendungsbereiche von Art. 5 I 2 GG, Rundfunkstaatsvertrag, Teledienstegesetz, Mediendienstestaatsvertrag und Telekommunikationsgesetz. 2006.

Band 23 Mona Bandehzadeh: Jugendschutz im Rundfunk und in den Telemedien. Eine Würdigung des Staatsvertrages über den Schutz der Menschenwürde und den Jugendschutz in Rundfunk und Telemedien unter verfassungsrechtlichen Aspekten. 2007.

Band 24 Judith Volkmann: Mediation im Zivilprozess. Rechtliche Rahmenbedingungen für ein gerichtsinternes Mediationsangebot. 2006.

Band 25 Tino Grattenthaler: Die Vergütung von Vorstandsmitgliedern in Aktiengesellschaften. Eine grundlegende Betrachtung mit ausgesuchten Schwerpunkten aus rechtswissenschaftlicher Sicht. 2007.

Band 26 Till Dunckel: Online-Auktionen und Wettbewerbsrecht. 2007.